| 1 | | 이 재 명 | ○ |

VS

| 2 | | 윤 석 열 | ○ |

이영철 · 천성래 공저

후보의 숨겨진 실체!

국민을 두려워하지 않는 힘은
괴물이 된다

청어 도서출판

이재명 vs 윤석열

이영철·천성래 지음

발 행 처 · 도서출판 청어
발 행 인 · 李永喆
영　　업 · 이동호
기　　획 · 남기환
편　　집 · 방세화
디 자 인 · 이수빈 ┃ 김영은
제작이사 · 공병한
인　　쇄 · 두리터

등　　록 · 1999년 5월 3일
(제321-3210000251001999000063호)

1판 1쇄 발행 · 2022년 1월 20일

주　　소 · 서울특별시 서초구 남부순환로 364길 8-15 동일빌딩 2층
대표전화 · 02-586-0477
팩시밀리 · 0303-0942-0478

홈페이지 · www.chungeobook.com
E-mail · ppi20@hanmail.net
I S B N · 979-11-6855-012-4(13340)

| 1 | | 이 재 명 | ○ |

VS

| 2 | | 윤 석 열 | ○ |

이영철·천성래 공저

후보의 숨겨진 실체!

국민을 두려워하지 않는 힘은 괴물이 된다

모처럼 눈이 내렸다. 임인년 새해 첫눈이었다.

새벽 일찍 일어나 눈밭에 발자국을 남겨본다. 하나둘 셋~ 발자국을 찍고 가는데 저쪽에서 미화원 아저씨들이 눈을 치우고 있는 게 보인다. 갑자기 나는 얼굴이 붉어졌다. 검정 발자국이 부끄러운 것은 아니었는데 공연한 낭만이 나를 채찍질하고 있었다. 우리가 잠들어 있는 사이에 이웃을 지키는 사람들이 있었다는 것을 소름 돋듯 깨닫는 짧은 순간이었다. 게으른 정신을 질타하듯 나는 밤새 읽던 먼지 낀 책을 펼쳐 읽었다. 법정(法頂) 스님의『산방한담』, 나는 밤새 읽다 접어놓은 페이지를 펼쳐 다시 읽는다.

'오늘은 비바람이 몹시 휘몰아치고 있다. 앞마루에 비가 들이치고 창문에도 이따금씩 모래를 뿌리는 듯한 소리가 난다. 섬돌 위에 벗어놓은 신발을 들여놓으려고 밖에 나갔더니 대숲은 머리를 풀어 산발한 채 폭풍우에 시달리고 있었다.

(중략)

좋은 일이 있으면 나쁜 일도 있게 마련이다. 흐린 날이 있으니 궂은 날이 있고, 궂은 세월이 있는 그 대가로 좋은 세월이 있을 수 있다. 산상의 맑은 햇살과 툭 트인 전망을 내다보려면 오늘 같은 폭풍우도 또한 받아들여야 한다. 햇볕과 온기를 받아들이려면 천둥과 번개도 함께 받아들여야 하는 법이니까.

(중략)

일장일단(一長一短), 무슨 일에나 장점이 있으면 단점도 있고, 선이 있으면 그 그늘에 악도 있게 마련이다. 흔히 우리들은 좋은 쪽만을 취하고 좋지 않은 쪽은 모른 체하거나 거부하려는 경향이 있다. 이건 너무 불공평하고 이기적이다. 대가 없이 거저 받아 쓸 수 있는 게 어디 있단 말인가.

크고 작건 간에 값을 치르지 않고 공짜로 차지하거나 누릴 수는 없다. 부자는 부자대로 가난한 사람은 가난한 사람대로 자기 몫의 문제를 지니고 산다. 권력을 쥔 사람은 그

나름의 불안이 노상 그림자처럼 따를 것이고, 권력에 밀려난 사람은 또한 그 나름의 불만이 불안 대신 가슴에 고여 있을 것이다.'

－법정스님의 『산방한담』 중에서

나는 왜 이 대목을 읽고 있었을까.

책을 깨끗이 읽던 습관을 버리고 밑줄도 그어놓고 있으니 나도 모를 일이다. 일장일단, 우리가 살아가는 세상은 이래서 묘미가 있다. 이 비바람이 개이면 다시 맑은 햇살이 눈부시게 온 대지에 쏟아질 것이다.

법정 스님의 생각을 음미하는 시간은 내게 경건한 마음을 지니게 한다. 지금 우리가 처한 세상을 그대로 옮겨놓은 듯한 글이다. 지난 2년 동안 우리는 코로나19라는 괴물을 만나 자유로운 생활을 저당 잡히며 살아가고 있다. 우리는 정말 억울한 시대를 살고 있다.

더 억울한 시대를 살지 않으려고 이렇게 책을 썼다.

중요한 선택의 시간이 다가오고 있다. 국민의 선택이 나

이재명 vs 윤석열

라의 운명과 우리의 운명을 좌우할 수 있는 절체절명의 순간이다. 역사는 부활하듯 깨어나 회초리를 들고 있다. 이번 만큼은 분열과 혼돈으로 얼룩진 세상을 만들지 말라고 말이다. 공정과 상식이 바로 서는 나라를 세워 달라고 질타한다. 우리와 우리의 후손을 위해 앞으로 제대로 하라고 끊임없이 질타한다.

　같은 시대를 호흡하며 더불어 살아가는 '우리라는 공동체'를 살아가는 한 사람으로서 '보다 나은 세상을 함께' 하고 싶다는 사명감에 펜을 들었다.
　이 책은 누구를 옹호하는 것도 헐뜯는 것도 아닌 '미래의 공동체를 이끌어갈 지도자'에 대한 정보를 객관적으로 제공하고자 하는데 목적이 있다.
　임인년, 처음 내린 첫눈이 서설(瑞雪)이기를 바란다.
　부디 공동체의 일원들이 현명한 선택을 하는데 도움이 되었으면 한다.

이영철·천성래

차례

누가 대통령이 되어야 하는가

밀림의 왕 뽑기

사납거나 야비한 동물들이 바로 옆에 우글거리는 밀림, 그곳에 한시도 마음 편한 날 없이 생명을 위협당하는 곳이 있었다. 밀림의 한끝을 차지하고 있는 그곳에서 왕을 뽑기로 했다. 작지만 그들의 삶의 터전을 굳건히 지켜내기 위한 지도자를 뽑는 매우 중요한 선거였다.

각 영역을 대표하는 후보들을 뽑는 선거가 진행됐다.

땅에서는 호랑이, 사자, 코끼리, 늑대, 쥐, 사마귀, 바퀴벌레 등이 대표가 되기 위해 경합을 벌이고, 하늘에서는 까마귀, 공작새, 검독수리, 딱따구리, 참새, 나비 등이, 물에서는 상어, 고래, 쭈꾸미, 가물치, 멸치 등이 각자 치열한 경합을 벌였다.

결과가 나왔다.
땅 대표로는 여우가 추천한 호랑이가, 하늘의 대표로는 박쥐가 추천한 검독수리가, 물의 대표로는 물방개가 추천한 악어가 되었다.
호랑이와 검독수리와 악어는 각자 영역 동물들의 열렬한 지지를 받으며, 자신이 왕이 되어야 이곳을 옆 나라의 위험한 동물들로부터 안전하게 지킬 수 있다고, 자신이 적임자라는 당위성을 강조하며 열변을 토했다. 동물들은 지금의 왕보다는 잘할 거라 믿으며 환호했다.

처음에는 이런저런 좋은 정책 대결로 가나 싶더니, 선거전이 가열될수록 각 후보와 그를 맹목적으로 따르는 지지자들은 정책보다는 상대의 아킬레스건을 집요하게 물고 늘어지기 시작했다.

"호랑이는 한다면 하는 뚝심과 추진력은 있지만, 자꾸 말을 바꾸고, 하늘을 날지 못하잖여."

"검독수리는 권력에 굴하지 않는 소신과 때 묻지 않은 참신

　　　　　　　　　　　　　　　이재명 vs 윤석열

성은 있지만, 아직 세상 물정을 잘 모르고, 물에서는 젬병이
잖여."

"악어는 올곧고 반듯하긴 하지만, 물속 친구들하고만 친
하고 마라톤을 하다가도 꺼뜩하면 포기하고, 하늘을 날지
못하고 다리가 짧아 땅에서도 너무 느리단 말여."

숲속 동물들이 듣기엔 각기 다른 후보 진영에서 말하는
것들이 틀린 말도 있지만 어떤 면에서는 일리가 있는 말들
도 많았다. 투표 날이 가까워오자 이젠 거짓 '찌라시'까지 홍
수처럼 쏟아지기 시작했다. 그 말이 진실이든 아니든 동물
들은 흔들리기 시작했다.

호랑이가 과거에 여우와 바람을 피운 적이 있네, 검독수
리는 남이 잡은 먹이를 뺏어 먹은 적이 있네, 악어는 선거
때마다 나와서는 막판에 단일화한다며 상대 후보 손을 들어
주네.

선거꾼들의 파상적인 공세에 시달리던 동물들은 처음에
는 이곳을 이끌어갈 미래의 왕으로 각자 제 나름대로 멋져
보이던 후보들이 어느 순간부터 '권력을 탐하는' 것처럼 보

이기 시작했다. 투표 날이 코앞에 닥치자 정말 뭐가 뭔지 점점 더 헷갈리기 시작했다.

동물들은 각 진영 선거꾼들의 갑론을박을 지겹게 지켜보며, 그렇다고 투표를 안 할 수도 없고… 이곳을 잘 이끌어갈 왕은 하늘도 날고, 물에서도 헤엄도 치고, 땅에서 뛸 수 있는 하자가 없는, 이런 조건을 완벽하게(?) 갖춘 동물이어야 하지 않을까 하는 의구심과 함께 여기저기 끼리끼리 모여 쑥떡쑥떡하며 중론이 점점 모아지기 시작했다.

드디어 새 왕을 뽑았는데… 오리였다!
그것도 세상의 때가 묻은 성인 오리가 아닌, 골목길에 남몰래 오줌 한 번 눈 적이 없는, 윤리적으로나 도덕적으로 아직은 '깨끗한' 새끼 오리였다. 누군가 장난삼아 대통령이 되면 집 한 채씩을 공짜로 준다는 공약을 내걸고 후보로 슬쩍 올려 존재감조차도 없던….

그렇게 밀림의 왕은 호랑이도 검독수리도 악어도 아닌 이제 겨우 하늘을 날고, 헤엄도 치고, 땅을 천방지축 뛰어다닐 수 있는 '새끼 오리'가 되었다. 이제 이곳은 언제 침략할지 모르는 사납고 야비한 이웃들을 바로 곁에 두고 '새끼 오리'

에게 나라를 5년 동안 맡겨야만 했다.

최선이 아니면 차선이라도

지금 국민은 대통령 선택을 놓고 머리가 아프다. 대통령 선거를 앞두고, 정제되지 않은, 거짓 정보의 홍수에 떠밀려 가고 있다. 정치권은 이재명, 윤석열 후보를 놓고 치열한 정쟁에 휩싸여 있다. 두 후보를 각기 지지하는 여권과 야권은 그야말로 한 치 앞을 예측할 수 없을 정도로 긴박감이 흐르고 있다.

국민의 지지도 조사에서 앞선 후보도 뒤처진 후보도 하룻밤 사이에 오르내리는 지지도의 향방에 따라 노심초사하기는 마찬가지이다. 한마디로 아직은 '기울어진 마당 게임'이 아니기 때문이다.

바꿔 말하면, 이번에야말로 '반드시 정권교체를 해야 한다'는 야권 윤석열 후보를 지지하는 국민과 기필코 '승리해서 정권을 계승해야 한다'는 여권의 이재명 후보를 지지하는 국민이 각각의 이유로 호각지세를 이루고 있기 때문이다.

대통령으로 누구를 선택할 것인가.

선택의 기준에는 후보에 대한 선택적 호감도 있겠지만, 그에 앞서 시간이 지날수록 정치권에 대한 피로도가 점차 쌓여가는 것도 사실이다. 국가와 국민의 안위보다는 권력투쟁처럼 비치는 정쟁과 헤게모니 게임이 앞서는 듯한 느낌을 저버릴 수가 없기 때문이다.

"어떤 놈이 된들 나하고 무슨 상관입니까. 그놈이 그놈이지. 정치하는 놈들은 까집어 놓고 보면 죄다 그 나물에 그 밥이라고요. 남들은 코 골며 자는 새벽부터 나와 코로나 때문에 사납금 채우기도 바빠 죽겠는데… 국민을 위해 대선에 나왔다고요? 웃기지 말라고 해요."

택시에서 기사와 나눈 대화인데, 그는 몹시 흥분된 어조였다. 뉴스 때마다 그동안 알지 못했던 후보와 가족들의 비리가 터져 나와, 이제 넌덜머리가 나 라디오도 끄고 다닌다고 했다.

축제의 장이 되어야 할 대통령 선거가 왜 이렇게 국민에게 외면당하고 있는 것일까. 도대체 그 원인의 발단은 뭘까. 택시에서 내리면서 마음이 착잡했다. 선거를 외면하든 안

이재명 vs 윤석열

하든 때가 되면 대통령은 당선되어 국민 앞에 엄숙히 선서할 것이고, 임기 동안 욕을 먹든 칭찬을 듣든 특별한 하자가 없는 한 그 자리를 지키고 있을 것이다. 국민은 그걸 박수를 치든 한숨을 쉬든 지켜볼 수밖에 없고.

왜 우리는 번번이 꽃이 다 지고 나서야 봄이 지나간 것을 아는 것일까.

어차피 선택해야 한다면 최선이 아니면 최소한 차선을 선택해야 한다. 나도 내 자신이 마음에 안 들 때가 많은데, 어찌 후보의 모든 점이 마음에 들 수 있을까. 인간은 누구나 완벽할 수 없다. 그도 인간이다.

대통령 선거는 전지전능함을 뽑는 것이 아니다. 따라서 부족함이 있을지라도 국가와 국민의 안위를 책임질 리더로서 갖추어야 할 역량을 최대로 갖춘 후보를 선택하는 것이다. 지금 이 시대의 요구에 가장 적합한 후보를 선택하는 것이다. 인간은 누구나가 단점이 있다. 현미경적 시각으로 보면 어느 후보든 결함이 없을 수 없다. 그러나 우리는 선택해야 한다.

선거가 끝나고 시간이 지나면서 "내 이놈의 손가락을 잘라 버려야 해."라며 탄식하는 사람을 주변에서도 여럿 봤다. 그런 그도 당시에는 많은 고민 끝에 최선의 선택을 했을 것이다.

한국의 현대사를 보면, 1948년 7월 17일 건국 이래 11 명의 대통령이 나라를 이끌었다. 하지만 극한 이념적 대립과 탐욕과 음모로 불행하게도 성공하고 명예롭게 퇴진한 대통령은 아직까지는 단 한 명도 없다. 이게 현재 대한민국 대통령들의 현주소다.

우리는 언제쯤 '대통령 복'이 있을까.
그런 날이 내 생에 오기는 할까.

이재명 vs 윤석열

역대 대통령들의 비운

자유당 이승만 대통령은 부정선거와 독재라는 미명 하에 4·19 학생시위로 무너져 결국 하와이로 망명해 고독하게 생을 마감했다. 민주당 장면 정권은 이승만을 하야시킨 4·19 세대에게 휘둘려 혼란만 거듭하다 불과 9개월 만에 박정희에 의한 5·16 군사정변으로 무너져 내렸다. 공화당 박정희 대통령은 부하의 총에 생을 마감했다. 전두환 대통령은 6·29선언으로 막을 내렸고, 뒤를 이은 노태우 대통령은 김영삼 대통령에 의해 부정부패로 전두환과 함께 구속되었다.

김영삼 대통령은 아들이 부정부패에 연유되어 구속되고, IMF를 겪은 김대중 대통령 역시도 부정부패로 두 아들이 구속되는 비운을 겪었다. 뒤를 이은 노무현 대통령은 부인과 함께 검찰의 수사를 받던 중에 절벽 위에서 투신자살했고, 박근혜 대통령은 최순실과 세월호 사건으로 인해 탄핵되어 구속되고, 경제대통령을 외치던 이명박 대통령 역시도 부정부패로 문재인 정부에 의해 구속됐다.

어찌하여 대한민국에는 초대 이승만부터 지금까지 국민에

게 존경과 추앙을 받는 성공한 대통령이 한 명도 없는 것일까. 퇴임을 코앞에 둔 문재인 대통령은 훗날 어떨까. 괜찮을까?

대한민국호의 함장은 누가 적합할까

정치는 생물이라 언제 어떻게 뒤바뀔지는 모르지만 어쨌든 현재로서는 이재명과 윤석열 후보의 대결 구도이다. 뒤이어 아직은 가시권 밖이지만 안철수 후보까지 합세하는 모양새를 띠고 있다.

각 후보의 지지자들은 이재명 후보의 '추진력', 윤석열 후보의 '공정'을 지도자로서의 덕목으로 높이 평가했다. 막바지로 들어선 두 후보의 경쟁에서 누가 최후의 승자가 될 것인가는 누구의 선택도 아닌 국민 한 사람 한 사람의 투표 결과에 달려있다.

현재 대한민국은 위기의 글로벌시대에 대응하기 위해 경제를 먼저 살리기 위한 '강한 추진력'도, 어지럽고 혼탁하고 기본이 무너지고 있는 사회를 위한 '살아있는 정의'도 필요한 시점이다. 이 두 후보의 장점만 합체된 모양새라면 더없

이재명 vs 윤석열

이 좋으련만….

이제 선택만이 남았다.

따라서 이 책은 거친 바다 위에 떠있는 대한민국호의 함장 선택에 있어 미처 알지 못했던 후보들에 대한 세세한 정보를 제공하고, 국민에게는 밀림의 왕으로 '새끼 오리'를 선택하는 우를 범하지 않게 하기 위한 목적으로 저술했다.

1장

이재명과 윤석열 장단점

이재명의 아킬레스건

이재명 후보를 두고 많은 부정적 이미지가 세간에 널리 퍼져 있다. 어쩌면 대선에서 이 문제들이 그에게 가장 큰 걸림돌이 될 것이다. 어쨌든 그로서는 이 문제들을 극복해 내는 것이 관건이다.

혜경궁 김씨

혜경궁 사건의 주인이 이재명의 아내인 김혜경이라 주장하며 검찰에 수사를 촉구하며 수면 위로 떠 오른 사건이다.

국민의힘은 과거 문재인 대통령을 트위터를 통해 통렬하게 비난했던 @08-hkkim의 소유자(일명 혜경궁 김씨)가 아닐까 하는 의심에서부터 비롯됐다. 혜경궁 김씨라는 별명의 트위터리안(twitter user)으로 활동하며 각종 욕설을 퍼부었다는 의혹이다.

계정과 동일한 이메일 아이디의 마지막 접속지가 이재명 자택. 이재명, 김혜경은 경찰 조사 때, 핸드폰을 잃어버렸다고 했고, 수사가 시작되고 트위터 계정을 탈퇴했다.

〈정의를 위하여〉

'노무현 시체 뺏기지 않으려는 눈물… 가상합니다! 홧팅…ㅋ'

〈박근혜 하야〉

'가족이 꼭 제2의 세월호 타서 유족되길 학수고대할게.'

〈정의를 위하여〉

'최순실이 정유라 이대입학시킨 게 뭐 문제겠어요. 문재인 아들은 아직 고용정보원 다니나요? 그만 두셨겠지? 금수저들 좋겠네.'

트위터에 @08-hkkim란 아이디를 올린 일명 혜경궁 김씨가 활동을 시작한 것은 2013년부터였다. 이 계정의 첫 공격 대상은 이재명 후보의 친형인 고 이재선 씨였다.

'새누리당의 국회의원 선거운동 문자를 왜 보내나요? 정신병자가 운동을 해주면 잘되는구나. 이재선? 정신 나간 거죠?'

대선 경선 때는 문재인 대통령과 노무현 대통령을 싸잡아 비난하는 글도 올렸다. 또한 세월호를 공격 도구로 삼아 누리꾼들에게 '세월호에 탑승해서 똑같이 당하세요'라는 충격적인 글을 올리기도 했다.

김부선 스캔들

김부선은 2010년 딴지일보와의 인터뷰에서 2007년 모 정치인과 연애한 적이 있다고 발표했다. 그녀는 후에 이재명이라 실명을 밝히며 '성남에 사는 가짜총각'이라 했다.

이 후보가 변호사 시절에 변호 상담으로 만났다가 잠자리까지 진전됐고, 그가 유부남인 걸 알고 헤어졌으나 다시 만나 15개월 정도 불륜을 저질렀다고 주장하고 있다. 이에 맞서 이재명은 자신의 SNS에 "이분이 대마 좋아하시죠? 요즘도 많이 하시나?"라며 김부선이 계속한다면 법정으로 넘기겠다고 경고했다.

당시 김부선은 이 후보의 특정 부위에 큰 점이 있다고 계속 주장했다. 이 후보는 이를 반박하기 위해 아주대학병원 피부과와 성형외과 전문의 그리고 기자 2명에게 신체검증까지 받았는데 치욕스러운 경험이었다고 한다. 결과적으로 신체검증을 받음으로써 스캔들 논란에서 판정승을 거두게 됐고, 초지일관 '큰 점'만을 주장해 오던 김부선은 할 말이 없게 되고 말았다.

2018년 가로세로연구소의 강용석 변호사는 이재명을 상대로 손해배상청구소송을 제기했지만, 김부선의 거짓 주장과 증거 불충분으로 2018년 12월 12일 최종적으로 검찰은 불기소 무혐의 처분을 내렸다.

하지만 사람들은 이 후보에 대한 무혐의 법적 판결에도

불구하고 일말의 의혹의 눈길을 보내고 있는 것도 사실이다. 그냥 덮기에는 김부선이 제기하는, 가까운 사이가 아니고는 알 수 없는 것들을 말하는 의혹이 너무 구체적이기 때문일 것이다.

형과 형수와의 불화

이재명은 세간에 알려진 과거 형수 욕설 사건으로 국민에게 안 좋은 이미지를 주고 있다. 하지만 그가 왜 그렇게 할 수밖에 없었는지에 대한 배경을 들여다볼 필요가 있다.

이 사건의 발단은 이 후보의 친형인 이재선 씨가 어머니에게 돈을 빌려달라고 했으나 빌려주지 않자 사이가 멀어졌다. 또한 이재선 씨는 자신이 성남시장에 출마할 생각이 있어, 이재명의 성남시장 출마를 말렸다고 한다. 이후 이재명이 성남시장이 되자 형은 성남시 직원들 진급에 관여하려 하고, 사업에도 이권개입을 하려 계속 찾아왔다.

이에 이 후보가 강력하게 저지를 하자 앙심을 품고 이 후보를 음해하고 다니기 시작했다. 결국 이 후보는 형의 성남시청 출입을 금지하기에 이른다. 그러자 형은 성남시청 앞에서 '이재명은 빨갱이다!'라며 일인시위까지 벌였다.

동생인 이 후보와는 가까이 지내며 돈을 빌려주지 않은 어머니와 자신에게 이권을 챙겨주는 것은 고사하고 시청 출입금지까지 시키는 동생에게 앙금이 남아 있던 이재선은 결국 아들로서 어머니에게 차마 입에 담지 못할 상욕과 살해 협박까지 했고, 이를 알게 된 이 후보가 흥분해 맞받아치는 과정에서 '형수 욕설 사건'의 파장이 인다.

인터넷에 떠돌아다니는 음성파일들을 들어보면 편집돼 조작한 것도 많다는 걸 알 수 있다. 팩트는 형인 이재선이 먼저 어머니에게 "내가 나온 ○○구멍을 찢어 죽이고 싶다"고 발언했고, 이 사실을 알게 된 이재명이 빡쳐서 형수하고 통화하면서 "당신 자식이 당신한테 ○○구멍을 찢어 죽인다고 하면 좋겠느냐? 당신 오빠가 당신 친정엄마한테 ○○구멍을 찢어 죽인다고 하면 당신은 좋겠느냐?"고 맞받아친다.

이처럼 아프고 슬픈 가족사가 수면 위로 떠올라 세간에 알려지면서, 특히 처음에 편집된 음성파일이 떠돌면서 이 후보는 '천하의 몹쓸 인간'으로 회자되었다.

어떻게 형수에게 그런 입에 담을 수조차 없는 욕을 할 수 있느냐고 울분을 감추지 못하는 사람도 많았다. 더구나 일반 사람도 아니고 고위공직자가 그랬다는 것이 국민 정서상 씻을 수 없는 상처와 큰 거부감을 줬던 것이다.

하지만 이후 사건의 전말과 잘 알려지지 않았던 가족사가 밝혀지며 이 후보에 대한 이해와 연민이 생기기 시작했다. 이 후보의 아버지는 성남에서 청소부를 했고, 어머니는 시장의 한 귀퉁이 화장실에서 휴지를 팔았다. 큰 형은 건설노동현장에서 추락사고를 당해 왼쪽 다리를 잘라야 했고, 이후 오른쪽 발목까지 잘라야 했다. 여동생은 야쿠르트 배달을 하고 미싱사를 하다 화장실에서 죽었지만 산재처리를 받지 못했다. 이 후보와 대립각을 세웠던 이재선 형은 결국은 정신질환으로 죽고 만다.

정치도 사람을 위해서 있는 것이다.
국민으로서 후보의 면면을 알 권리는 있지만 그것이 조작되거나 왜곡되어 알려지면 안 된다. 생각해보면 이재명 후보가 공직에 있으면서 적당히 가족들을 챙겼더라면 이런 불상사는 없었을 것이다. 하지만 그는 그러지 않았고, 정신질

이재명 vs 윤석열

환을 앓던 형만 제외하고는 가족들도 그에게 부담을 주지
않았다.

대장동 사건

성남 대장동 초기 자금은 남욱, 정영학 등이 부산저축은 행으로부터 1,800억 원을 대출받아 종잣돈 삼아 대장동 땅들을 사들이면서 시작됐는데, 당시 부산저축은행은 이 건말고도 부실대출로 논란이 일고 있을 때였다.

이들은 왜 대장동 땅을 사들였을까.

이때는 LH가 이 지역을 공공개발하려다 손을 떼고 민간개발이 들어간 사실을 알고 있었기 때문이다. 투자사업은 돈

이재명 vs 윤석열

을 가장 많이 댄 사람이 가장 많은 이익을 챙기는 것은 당연하다. 대장동 건에 가장 많은 돈 7,000억 원을 댄 곳은 하나은행이며, 다음이 400억 원 가까이 투자한 곳이 SK인데 이상하게 이들은 투자금에 대해서 이자만 챙겨갔다. 따라서 사업의 막대한 이익은 화천대유와 천하동인이 다 가져가게 설계됐다는 것이었다. 이는 돈을 댄 쪽이 용인을 해줬기 때문에 가능한 일이다.

그렇다면 화천대유의 실세는 누구일까 하는 의문이 남는다.

대장동 개발은 1기와 2기로 나눌 수 있는데, 1기는 MB 때이고, 2기는 박근혜 때이다. 또 이상한 것은 대장동 개발이 BBK와 흡사하다는 점이다. BBK는 종잣돈은 다스가, 큰돈은 하나은행이 댔다. 그런데 대장동은 종잣돈은 SK가 대고, 큰돈은 하나은행이 댔다. 또 이상하고 공교롭게도 하나은행이 등장한다.

남욱, 정영학은 부산저축은행 1,800억 원 대출 건으로 수사가 진행될 때, 박영수 변호사를 선임하는데, 그를 소개해 준 인물이 김만배이다. MB가 LH를 제거해 주고, 부실 대출 수사도 덮어지고, 큰 이익이 남는 대장동 민간개발이 들어간다.

이때 예상하지 못한 복병을 만나는데, 이재명이 성남시장에 당선된 것이다. 이재명은 대장동 사업을 원점인 공공개발로 돌린다.

이때 MB와 그 세력들은 민간개발로 들어가기 위해서 시의회까지 압박하며 극렬하게 공공개발을 반대했다. 공공개발이 늦어지면 빨리 민간개발을 하라고 연일 압박을 가했지만 이재명 성남시장은 끝까지 버텨냈다.

그 사이에 MB 임기가 끝나고, 박근혜 정부가 되면서 대장동 개발의 2기가 펼쳐지기 시작한다. 이때 대장동 개발에 앞장섰던 남욱, 정영학 등이 모두 구속된다.

지금까지 여당에서 대장동 사건에 대해 문제를 삼는 것은 이 사업으로 막대한 이익이 발생했고, 개발이익금 5,503억 원을 시민의 몫으로 환수했다고 하는데, 비리투성이인 이 사업에 성남시장으로 있던 이재명이 직접 승인을 해줬기에 가능했다는 주장이다.

그 과정에서 속된 말로 '콩고물'이라도 챙기지 않았냐는 것이 이 사건 전말의 핵심 포인트이다.

이 후보는 2021년 10월 25일 경기도지사직을 내려놓으며 대장동 개발사업 특혜 의혹에 관해 한마디 했다.

"아무리 뒤져봐라. 100% 나올 게 없을 것이다."

또한 이 후보는 경기도청 퇴임 기자간담회에서도 그 문제를 거론했다.

"그런 각오도 없이 여기(대선)까지 왔겠느냐?"고 기자들에게 되물으며, 대장동 개발사업에 관련해서 특혜나 로비 의혹 등에서 자신은 무관함을 강조했다.

이 후보는 윤석열 국민의힘 후보 측이 의혹 제기한 '황무성 초대 성남도시개발공사 사장의 사임에 이 후보가 관여했다'는 주장에 대해 "전혀 사실이 아니다"라고 반박했다.

이 후보는 말한다.

"성남도시개발공사는 성남에서 가장 큰 산하기관이지만, 초대 사장이 공모로 뽑혔을 때 전혀 모르는 사람이었다. 황 전 사장이 그만둔다고 했을 때도 '왜 그만두지?' 생각이 들어 아쉬웠던 기억이 난다."

성남도시개발공사 전략투자팀장이었던 정민용 변호사가 당시 성남시장이었던 이 후보에게 직접 '공사 이익을 확정한 내용의 공모지침서'를 보고했다는 의혹 관련해서도 답했다.

"시장실에서 진행된 합동회였다. 도시개발사업단, 도시공사 등 실무자들이 참여한 합동회를 시장실에서 최소 두 번에서 세 번은 했다. 그때 제가 합동회에서 정해준 게 확정(이익)으로 해라. 비례(지분)로 하면 장난친다. 확정으로 최대한 많이 받아라 했다. 민간에 과도한 부담을 시켜 문제 삼을 수 있으니 제소 전화해, 부제소 특약을 해두라고 지시했다."

이재명 vs 윤석열

아들의 도박

최근 이재명 후보에게 또 하나의 악재가 터졌다.

그것은 장남(이동호, 30세)의 상습도박, 성매매, 여성비하 발언 등이 그것이다. 이 중에서 도박에 관한 것은 아들에게 확인 절차를 통해 이 후보도 인정했다. 당사자인 아들은 한 온라인 포커 커뮤니티를 통해 불법게임으로 500만 원을 잃었다고 했다.

아들은 도박장 방문 게시글에 스스로를 도박중독자, 도박꾼이라 지칭하기도 했는데, 이 후보는 이런 논란에 대해 아들 것이 맞다고 시인하며, 도박 중독치료를 시키겠다며, 공식적으로 아들 문제에 대해 사과했다.

"아들이 일정 기간 유혹에 빠졌던 모양이다. 부모로서 자식을 가르침에 부족함이 있었다고 인정하며 제 아들의 못난 행동에 대해 실망하셨던 분들께 아비로서 아들과 함께 머리 숙여 사과드린다."

이재명의 장점

안이수의 논문 '이재명 경기도지사의 이미지에 대한 연구'에 따르면 이재명 후보를 '추진력 있는 개혁가, 실행력 있는 정책가, 포퓰리스트'라고 말했다.

사람들이 이재명을 떠올렸을 때 갖는 이미지이다.

재난지원금 배포 하나만 놓고 보더라도 이재명은 달랐다. 문재인 정부와 대립각을 세울 정도였다. 이 후보의 추진력은 여러 경험을 통해서 익히 아는 바이다. 예를 들면 오랜 기간 골머리를 앓던 계곡 노점 철거가 그 대표적인 예다. 실행력 또한 성남시장 재직 시 공약 실행률 94.1%를 실현한 것을 보면 익히 알 수 있다.

'포퓰리스트'는 지도자에게 부정적 이미지가 강하지만, 장점이 될 수도 있다.

대권 주자에게 '사이다 이재명'이라는 인지도는 무시 못할 덕목 중 하나이다. 이 사이다 발언은 '국민과의 공감 능력'이다. 누구나 나와 같은 생각을 말할 때 공감하는 것이다. 한가지 주의할 것은 이 인기라는 것이 도덕성 논란의 중심에 선 '흥미 거리 위주'가 아닌 실용주의적 추진력이 곁들인 논란이어야 한다는 점이다.

요즘 트랜드에 맞게 머리를 염색하는 것 하나도 젊은 유권자에게 '꼰대' 같은 이미지를 벗어던진 '멋을 아는 후보'라는 이미지를 전달한다. 이와 더불어 실용적 행정도 잘한다는 플러스 알파 요인으로 작용한다.

이 후보의 가장 큰 장점은 '정치인은 본인만의 스토리텔링'이 있어야 하는데, 이걸 갖추었다는 점이다.
흙수저의 인생 역전, 흔들리지 않는 소신, 과감한 추진력과 원칙적인 실행력, 상대방과 소통할 줄 아는 공감 능력 등이 그것이다.

윤석열 아킬레스건

윤석열을 평할 때, 빠지지 않는 것이 노무현과 여러 면에서 비슷하다는 점이다. 지나온 경력과 스타일 등은 상당히 다르지만, 지금 보여주는 현상들이 그렇다는 것이다.

일말의 정치적 자산도 없이 어느 날 갑자기 정치에 입문하고, 본인의 직책과는 상관도 없는, 어찌 보면 자신을 임명해준 정당을 떠나 상대편 정당으로 가서 대선후보가 됐다. 대선후보가 될 때, 개인적 인기가 단기간의 돌풍으로 대권으로 가는 길을 열었다는 점도 유사하다. 유권자들의 현역 정치권에 대한 세대교체 요구 열망이 깔려있다는 점도 거의 같다.

따라서 그가 대선에 승리한다면 노무현이 청와대에 입성하자마자 당과 충돌했던 것처럼, 정치적 베이스가 약한 그 또한 국민의힘과 충돌할 가능성이 높다.

이재명 vs 윤석열

국민의힘 지원이 약하다

대선을 코앞에 두고도 명확하게 주도권을 잡고 당을 움직이는 핵심그룹이 없다. 이준석 당 대표와도 불협화음을 내고 있고, 홍준표나 다른 원로들의 도움을 받고 있는 것도 아니다.

당이 내세운 대권후보는 최대한 당의 지원을 받아도 아쉬운데, 당을 통합·관리해줄 주체가 무너져 있는 것이 국민의힘의 현 주소이다.

가족 문제

그를 두고 악재들을 말할 때, '윤석열 본부장'이라 표현한다. 본부장이란 말은 '본'은 본인, '부'는 부인, '장'은 장모를 은유적으로 말한 것이다.

요즘 그의 부인 김건희 씨처럼 핫한 사람은 없을 것이다. 윤석열이 일반인이었으면 문제가 이렇게 커지지 않을 수도 있었겠지만, 어쨌든 대권을 앞에 두고 아내의 과거가 문제가 된 것이다.

김건희 씨가 과거에 '쥴리'라는 가명으로 술집에서 일했다는 의혹이다. 이것이 사실이라면 국민은 충격이고, 거짓이래도 충격이다. 사실이라면 학사학위까지 받고 대학강의까지 나가면서 사업에 매진했던 것마저도 거짓이 아닐까 하는 의혹의 충격이고, 거짓이라면 한 사람의 인생을 마치 '마녀사냥' 하듯 몰아세울 수 있는 인간들, 목적을 위해서라면 수단과 방법을 가리지 않는 그 냉혹하고 잔인한 철면피함이 더 충격이다.

하지만 이미 드러난 경력 위조 문제는 쉽게 가라앉지 않을 거 같다. 또한 부인의 과거의 행적이 진실이든 아니든 여의도 참새들의 입방아에 오르내리고 있어 유권자들에게 긍정적 영향을 주지는 않는다.

장모인 최 씨는 2021년 7월 2일 의정부지법 형사합의13부(재판장 정성균)에 의해 불법으로 요양병원을 개설해 요양급여를 챙긴 혐의로 기소돼 징역 3년을 선고 받고 법정구속했다. 재판부는 최 씨의 모든 혐의가 유죄로 인정된다고 판단했다.

재판 후, 최 씨 측 변호인은 법원이 검찰의 주장만 받아

이재명 vs 윤석열

들여 법정구속까지 했다며, 검찰의 왜곡된 수사 등에 유감을 표하며 항소하겠다고 밝혔고, 2021년 12월 21일 2심 선고가 나왔는데 2심도 유죄를 판결했다.

장모도 요양급여 22억 9천만 원을 의료법 위반·요양급여 편취로 법정구속 되어 그의 바쁜 발걸음을 붙잡고 있다.

박근혜 탄핵

• 최순실 국정 농단과 촛불 시위

제18대 박근혜 대통령은 2016년(64세) 탄핵을 받았다. 탄핵은 헌법에 위배되는 범죄 의혹을 사유로 당시 야당 의원들이 탄핵 소추를 발의했고, 이른바 '최순실 국정농단 사건'으로 불리던 이 사건은 230만 명이 넘는 광화문 촛불 집회를 통해서 국민적 지탄을 받았고, 12월 9일에는 국회에서 탄핵소추안이 가결된다.

박근혜는 이후 헌법재판소에서 심의를 하는 동안 직무 정지 상태였다가, 2017년 3월 10일, 헌법재판소는 재판관의 전원 일치로 대통령 박근혜 탄핵소추안을 인용해 대통령직에서 파면되었다. 대한민국 역사상 현직 대통령에 대한 탄핵 인용은 이 결정이 최초였다.

3월 31일 구속되어 재판이 시작됐다. 2년 징역이 확정되고, 2019년 내내 다른 건의 재판이 이어졌다. 2020년 1월, 국정농단과 뇌물에 대한 판결이 내려졌다. 당시 윤석열이 지휘한 검찰은 징역 30년을 구형했으나, 재판부는 징역 20년에 벌금 180억 원, 추징금 35억 원을 판결했다. 판결대로라면 22년을 교도소에 있어야 했다.

박근혜는 1474일 동안 대통령직에 있었으나, 그 후 1736일 동안 옥살이를 해야 했다. 하지만 그동안 건강이 나빠져서, 입원과 퇴원을 반복했다. 이후 2022년 2월까지 병원에 있는 것을 허락받아 입원해 있었는데, 2021년 12월에 문재인 대통령이 신년 특별사면으로 석방됐다. 특별사면 사유는 2021년 박근혜의 나이는 69살이 되었고, 건강 악화를 들었다.

박근혜 사면을 보고 정치전문가들은 두 가지를 예측했는데, '문재인 대통령의 고단수 전략'이라는 것이다.

이재명 vs 윤석열

첫째, 이번 대선을 앞두고 문 대통령이 역사의 비극 사건을 임기 안에서 마무리 짓는 것이고,

둘째, 자신의 상대 정당인 야권 후보로 나선 윤석열이 박근혜를 구속시킨 일등 공신이기 때문에 정서상 박근혜에 대한 향수가 있는 국민에 의해 타격을 입을 것이라는 점이다.

이에 대해 윤석열 후보는 박근혜 전 대통령을 검찰 재직 시절 수사했던 것과 관련해 "공직자 신분으로서 법 집행을 한 부분"이라며 "저는 지금 정치인"이라고 선을 그었다.

• 추가구속영장 발부에 대한 부담감

박근혜 전 대통령의 옥중서신을 엮은 책이 나왔는데, 2017년 10월 중앙지검장 시절 '추가구속영장 발부가 부당'하다는 취지로 거론한 내용이 있다. 박 전 대통령을 만나겠다고 했는데 이런 부분을 어떻게 풀 것인가라는 기자들의 질문이 있었다.

박 전 대통령의 이 말은 당시 중앙지검장이었던 윤석열 후보를 우회적으로 겨냥한 것 아니냐는 해석이 나왔다. 박

전 대통령은 책에서 "수많은 수모를 감수하면서도 일주일에 4번씩 살인적인 재판 일정을 참아낸 것은 사법부가 진실의 편에서 시시비비를 가려줄 것이라는 일말의 믿음 때문이었다"라며 "말이 되지 않는 이유로 추가 구속영장을 발부하는 것을 보고 정해진 결론을 위한 요식행위라는 판단이 들었다"고 적었다.

이에 대한 기자들의 질문에 윤 후보는 말했다.

"제가 아직 그 책을 읽어보지는 못했지만, 저는 지금 정치인이다. 제가 공직자 신분으로서 법 집행을 한 부분과 달리 지금은 정치인으로서 국가를 위해서 다 크게 기여하신 분들에 대한 평가와 국민의 통합 이런 것들을 생각해야 하는 입장이다. 우리 박 전 대통령이 하여튼 건강 회복이, 좀 빠른 쾌유를 빌고 있다."

윤 후보가 박근혜 전 대통령에게 추가구속영장 발부를 했다는 사실은 당시 공직자의 신분으로 행했다고는 하지만 여전히 '박근혜 향수병'이 있는 유권자들이 존재하는 한 '너무 심했다'라는 시선에서 자유롭지 못할 것 같다. 한 표가 아쉬운 윤 후보의 입장에서는 이 문제를 어떻게 극복해 내느냐도 숙제 중에 하나이다.

이재명 vs 윤석열

본인 문제

윤석열을 가장 아프게 한 부분은 김종인 총괄선대위원장과의 결별일 것이다. 세간에 떠도는 소문이야 어찌 됐든 어렵게 '모셔온(?)' 사람을 가슴에 품지 못하고 떠나게 한 것이다.

이준석 당 대표와도 불협화음이 난 마당에 김종인 위원장마저 그의 곁을 떠났다는 것은 대권을 앞두고 결정적인 타격을 의미한다. 향후 또 어떤 변곡점이 발생해 이준석 당 대표나 김종인 위원장과 손을 맞잡고 돌파구를 찾을 수도 있겠지만 현재로서는 데미지가 크다.

그가 김종인 위원장과의 결별을 결심한 계기는 김 위원장이 윤석열 후보 측과 충분한 논의도 없이 해체 수준에 가까운 선대위 개편 방침을 발표하고, '후보의 모든 메시지는 내가 관리하겠다'거나 '후보는 연기만 잘하면 당선된다' 등의 발언을 통해 자신을 '아바타 후보'로 만들려 했다는 것이 크게 작용한 것으로 보인다. 그는 리더십에 손상을 입었다고 본 것이다.

모든 선거 전략을 총지휘하던 김 위원장이 후보의 지지율 하락과 관련해서도 선대위 차원의 자성보다는 윤 후보 개인의 역량 부족 등의 요인으로 돌리는 듯한 상황에 대한 반감도 윤 후보 주변에서 표출됐다. 따라서 윤 후보는 깊은 고민 끝에 '더는 같이 가기 어렵다'는 판단을 내린 것으로 추측된다.

이를 두고 前 전여옥 새누리당(국민의힘 전신) 의원이 페이스북을 통해 한마디 했다.(중앙일보 캡쳐 2022. 1. 5 18:14)

전여옥 전 새누리당(국민의힘 전신) 의원이 윤석열 국민의힘 대선 후보와 김종인 총괄선대위원장이 결별한 것을 두고 "기쁘다"고 말했다.

前 전 의원은 5일 블로그에 "우리가 알던 윤석열이 돌아왔다. 상남자 윤석열, 승부사 윤석열의 컴백 홈. 김종인과 결별 기쁘다"고 밝혔다.

이어 "문재인은 애걸복걸하며 몸값 불려줬는데, 윤석열은 한 방에 정리했다"며 "그것 하나만이라도 시원하다. '만땅 스트레스' 확 풀었다. 3년 묵은 체증이 내려간다는 표현은 바로 이럴 때 쓴다는 것을 실감했다"고 말했다.

그는 김 위원장이 자진 사퇴한 것을 언급하면서 "미련 잡

이재명 vs 윤석열

탕밥 주접을 끝까지 떤다. 언제는 '별의 순간'이 다가왔다고 아첨을 떨더니"라며, "이준석 손자 앵벌이 시키고 후보 애먹이고 지지율 휘청이자 '싸구려 쿠데타' 일으킨 김종인. 다 끝났다. 이준석과 부둥켜안고 같이 우세요"라며 비난했다.

前 전 의원은 새 선거대책본부장으로 권영세 의원을 지목한 것에 대해 "잘 결정했다"며 "제가 겪어보니 합리적이고 깔끔한 분"이라고 했다.

그러면서 윤 후보를 향해 "부디 이 대한민국을 위해 한 치 흔들림 없이 용맹전진하기 바란다"며 "윤석열 후보, 당신이 대한민국 후보라서 참으로 기쁘다"고 덧붙였다.

윤석열의 장점

이재명 후보의 상징적 이미지가 '성장'이라면, 윤석열 후보는 '공정'이다.

덧붙여 윤 후보의 가장 큰 장점은 밉든 곱든 상황이 어찌 됐든 현재 정권교체를 갈망하는 국민의 입장에서는 '현 정권에 대한 거의 유일한 대항마'라는 점이다.

그가 국민과 여론에 크게 어필되기 시작한 것은 박근혜, 최순실 사건을 아주 엄격하게 처리했다는 평과 함께였다. 그런데 문재인 정부로부터 검찰총장으로 임명받은 그가 추미애 장관과 사사건건 트러블을 일으키고 현 정부의 실세였던 조국 장관 비리 사건 역시도 엄격한 수사를 진행한 결과 여권 인사들의 너무하다는 평을 들으며 자신을 임명해 준 문재인 정부와 갈등을 빚게 된다. 한 마디로 여권의 입맛에 맞지 않았던 것이다.

때마침 야권에서는 여권에 맞설 뚜렷한 대권 주자가 보이지 않던 차에 그를 내세워 지지율의 뚜렷한 약진을 보였다. 국민의힘 경선 결과에서 나타났듯이 국민 여론 조사에서는

이재명 vs 윤석열

앞섰던 홍준표 후보를 당내 투표에서 뒤집게 된다.

이 점에 대해 여러 이야기가 나오지만, 당내 분위기는 대권후보로 누구를 선택하는 것이 낫냐를 봤을 때, 현 정권에 가장 큰 리스크를 안길 후보로는 윤석열로 보였다. 이 분위기로 대선에서 승리까지 하자는 것이었다. 정권교체의 당위성이란 측면에서 봤을 때, 여론은 홍준표 후보가 앞설지라도 당에서는 홍준표 후보보다는 윤 후보가 더 적합했기 때문이다.

윤 후보는 '범털'로서 현 정권에 맞서는 임전불퇴의 장군의 이미지가 있기 때문이었다.

당시 이재명 후보는 현 정권과 크게 다른 차별화가 눈에 띄지 않았다는 점도 한몫했다. 따라서 정권교체를 갈망하는 국민의 눈에는 검찰총장 시절의 강직하고 법에 대한 정의로운 행적이 돋보였던 것이다. 그리고 '때 묻지 않은 정치인'이란 프리미엄도 더해 졌다. 하지만 이 대목이 또한 그의 발목을 잡는다.

대선 과정에서 정치 경험 부족으로 인한 '전두환' 관련 발언이나 '개사과' '기조연설 침묵' 등 잦은 말실수는 유권자들로 하여금 고개를 갸우뚱하게 만들었다. 또한 그의 아킬레스건인 아내와 처가의 문제가 국민에게 부정적인 영향을 주고 있다.

검찰총장과 대권 주자는 분명 다르다.

그 부분에 있어서는 선거를 여러 번 치러본 경험이 있는 노련한 이재명과 여러모로 비교됐다. 어느 분야에서든 경력의 차이는 무시할 수 없고, 단시간 내에 뛰어넘거나 극복하기 어렵다. 하지만 법조인으로서 법에 대한 부분에서는 이미 충분히 그의 능력을 보였기에 시간이 지나면서 극복해낼 수 있다는 가능성을 엿볼 수 있다.

현재의 시점으로만 본다면, 대선에 뛰어든 그의 행적으로 비추어 볼 때, 국가를 운영하는 대통령이라는 직책이 행정, 경제, 안보, 외교 등에 밝아야 하는데, 경험 부족이 보인다. 따라서 분야별 전문가에게 맡겨 함께 나라를 이끌어 가겠다는 본인의 의지를 엿볼 수 있다.

　하지만 중요한 것은 두 후보를 지지하는 정당 중심의 지지층은 어떠한 경우에도 흔들림 없이 견고하다. 그들은 선거 때마다 '말뚝을 꽂아놔도 당선'시키는 일편단심 민들레 성향을 보인다. '누구를 선택할 것이냐'를 두고 망설이고 고민하고 있는 중도층의 선택이 당락을 결정한다고 본다.

　윤 후보는 얼마 남지 않은 시간 내에 그동안의 말실수 등을 교훈 삼아 지금부터라도 '정치적 리더로서 능력'을 보여주는 것이 무엇보다 중요하다. 지금 이 시점에서는 '대쪽'의 이미지도 좋지만 '포용'의 이미지도 필요하다.

2장

국민의 알권리

두 후보의 말실수

　동서고금을 통해 변하지 않는 하나의 원리가 있다. 사람을 보는 기준과 관점이다. 여자를 볼 때는 미모를 본다고 했으며, 남자를 볼 때는 '신언서판(身言書判)'을 기준으로 삼는다고 하였다. 말이 나온 김에 하는 말이지만, 이는 중국 당나라 때에 관리를 뽑는 기준이었다.

　무릇 사람을 구별하는 방법은 4가지가 있는데
　첫째, 신(身)이며 이는 풍채가 건강한 것을 의미하고 있다.
　둘째, 언(言)이니 언사가 분명하고 똑바른 것을 말하며,
　셋째, 서(書)이니 필체가 힘이 있고 아름다운 것을 말한다.
　넷째, 판(判)이니 사물에 대한 판단이 옳은가를 의미하는 것이다.

　이렇듯 네 요소를 다 구비하고 있으면 모름지기 관리로서 뽑을 만 하다고 하였다. 그저 평범한 사람을 바라보는 기준이 이러한데 하물며 대통령이 되겠다는 사람에 대한 기준은 그 잣대가 이보다 엄청날 것이다.

　　　　　　　　　　　　　　　　　　　이재명 vs 윤석열

관리채용의 두 번째에 해당할 정도로 사람의 말은 중요한 법이다. 한번 뱉어진 말은 쓸어 담을 수가 없기 때문에 말을 함에 있어서 더욱 신중할 필요가 있는 것이다. 그런데 이재명 후보나 윤석열 후보나 크고 작은 말실수를 범하였고, 특히 윤석열은 망언제조기라는 말을 들을 정도로 말실수가 잦았다.

고전적 잣대로 보면 두 사람 모두 자격미달이라 할 수 있다. 물론 반론은 있다. 사람의 모든 것을 말로써 판단하는 것은 무리가 따른다는 지적이다. 말을 잘하는 사람을 뽑는다면 말을 함에 유창한 아나운서를 뽑아야 하지 않을까.

하지만 아무리 말의 달인이라 하더라도 쉽게 흘러나오는 말은 실수가 따르게 마련이다. 2007년 제17대 대통령 선거 때 대통합민주당(더불어민주당의 전신) 대통령 후보로 나선 아나운서 출신의 국회의원 정동영 후보는 말실수로 인해 뼈아픈 패배를 맛본 적이 있다.

이른바 노인폄하 발언으로 곤혹을 치렀던 것이다. 노인은 투표를 안 해도 괜찮다는 실수를 범했다. 정치에 관심이 없는 젊은이들에게 한마디 거든다는 것이 도를 넘어버린 것이다. 미래는 20대, 30대들의 무대라면서 60대, 70대는 투표를 하지 않아도 괜찮다는 말을 뱉어버렸다. 물론 무심결에 흘러나왔던 말이었을 것이다.

정동영은 투표는 미래를 결정하는 힘으로 바라보았던 것 같다. 물론 틀린 말은 아니다. 그런 탓에 노인들이 꼭 미래를 결정해 줄 필요는 없다는 논리를 펼쳤고, 한 걸음 더 나아가서 노인들은 어쩌면 곧 무대에서 퇴장하실 분들이니 노인들은 집에서 쉬어도 된다는 취지의 망언을 쏟아부었다.

이런 엄청난 실수는 곧장 지지율 하락으로 돌아섰다. 결국 득표율 26%라는 초라한 성적표를 받아들고 낙마하게 되었던 것이다.

이재명 vs 윤석열

돌이켜 생각해 보면 정동영의 말실수를 정말 실수라고 단정 지을 수가 있을지 의문스럽다는 점이다. 얼결에 한두 마디 뛰어나오는 말은 그렇다 치는데 문맥으로 이어지는 말에서 말의 꼬리를 물고 늘어지는 지속적인 실수는 결코 실수라는 것만으로 취급할 수 없을 것이다. 그의 의식에 문제가 있다는 점을 여실히 보여주었을 뿐만 아니라 대통령 후보로서의 품격이 너무도 부족하다는 것을 여실히 보여주었다고 할 수 있다.

이재명과 윤석열 역시 사람인지라 말실수에서 자유롭지 못했다. 두 사람이 어떤 말실수를 하였는지 인터넷에 들어가서 조회하면 연달아 튀어나올 정도다. 결론적으로 두 사람에게 이런 처방을 드리고 싶다. 삼사일언(三思一言) 즉 말을 함에 있어서는 세 번 생각하고 한번 뱉어내야 한다는 신중론을 의미하는 말이다. 말은 물건과 달리 한번 뱉어진 것은 결코 쏟아버린 물처럼 주워 담을 수가 없다는 법을 명심해야 할 것이다.

말을 뱉어내어 혹간 실언(失言)을 할 수도 있지만 자주 이런 실언을 반복하면 이는 실수가 아니라 실력이 터무니없이 부족하다는 것을 보여준다. 따라서 말실수를 밥 먹듯 하는 사람은 후보의 자격이 미달이라 할 것이다. 아니면 말고 식의 표현 역시 경거망동의 하나라고 보면 된다. 지금부터 우리는 어떤 사람이 모난 말을 하고 주워 담을 수 없는 말을 하며, 예의에 어긋나는 말을 하는지 면밀히 살펴볼 필요가 있는 법이다.

삼업(三業)의 하나인 구업(口業)

세상에 알려진 공인뿐만 아니라 보통 사람이라도 말을 함에 신중해야 한다. 더군다나 대통령 후보라는 지위에 있다면 수없이 생각을 가다듬은 이후에 말을 해야 한다. 세상을 살아가면서 사람들이 말을 하지 않고 살 수는 없다.

따라서 말은 반드시 누군가에게 뱉어내야 할 것인데 불교에서도 세상 사람들이 말을 통해 짓는 것을 구업(口業)으로 명명하고 있을 정도다. 이는 몸으로 짓는 신업(身業), 생각으로 짓는 의업(意業) 즉 마음에서 비롯한 모든 활동과 함께 삼업(三業)으로 구분하여 경계하도록 하였다.

이재명 vs 윤석열

윤석열은 전북대의 강연에서 이런 말실수를 범했다.

'극빈의 생활에서 배운 적이 없는 사람은 자유가 무엇인지 모를 뿐 아니라 자유가 왜 개인에게 필요한지 느끼지 못한다.'고 하였다. 물론 좋은 취지의 말을 하려다가 자신도 모르게 빗나가는 말이 되었을 것이다. 극빈한 사람이나 배운 적 없는 사람을 무시하려고 하는 발언은 아니었을 것이다. 청년들에게 자유의 소중함을 강조하려는 의지가 강하다 보니 두서없이 이런 말을 뱉어냈을 것으로 보인다.

그러나 익히 보아왔듯이 이러한 '말의 실수는 윤석열을 곧장 지지율 하락'으로 이끌었다. 전후 맥락을 좀 더 세심히 들여다보면 물론 엄청난 실수라고 하기 어려운 면이 있다. 윤석열은 이후 간담회에서 기자들을 향해 극빈층을 도와야 한다는 취지의 말을 하려던 것이었다는 해명을 늘어놓았다. 그러나 이미 기울기 시작한 운동장을 바로 잡기에는 어려운 점이 있다.

윤석열은 또한 다른 말실수를 범했고, 이러한 말실수가 하나씩 늘다 보니 본인조차 말을 함에 주눅이 들어 보이는 모습을 보였다. 의도적인 것이 아닐지라도 국민에게 실망감이나 불안감을 주어서는 안 된다는 것을 후보들은 명심할 필요가 있다.

　윤석열은 국민의힘 후보 경선의 하나로 진행된 TV토론에서 중대한 말실수를 범했다. 유승민 대선 예비후보와의 논쟁 중에 튀어나온 발언으로 '식용 개라고 하는 것은 따로 키우지 않습니까?'하고 반문한 모습을 보였다.

　우리의 반려인 인구가 1,500만 정도임을 반영한다면 엄청난 실수라고 보아도 무방할 것이다. 반려견을 직접 키우고 있는 윤석열 후보의 입을 통해 튀어나온 이러한 발언은 많은 반려인뿐만 아니라 텔레비전 토론 시청자들에게도 충격을 안겨주었다고 할 수 있다. 이런 망언은 유권자들의 한숨을 나오게 하였고, 단숨에 지지율의 하락에 이은 상대 후보의 지지율 상승으로 이어졌다.

전두환 발언으로 치명상 입어

윤석열의 말실수 조짐은 이보다 먼저 전두환의 두둔 발언으로 나타났다. 윤석열은 '전두환 전 대통령이 군사 쿠데타와 5·18만 빼면 정치 잘했다는 분들이 있다'고 주장한 것이다. 그의 이러한 발언은 엄청난 파장을 불러왔다. 물론 표를 의식한 발언이었을 테지만 전두환으로부터 엄청난 피해를 입은 사람들의 입장에서는 청천벽력 같은 폭력처럼 다가왔을 것이다.

해명에 해명을 거듭했지만 쉽게 잦아들지는 않았던 것으로 기억된다. 전두환은 군대에서 조직에 대한 관리자 역할을 하였기 때문에 정치를 함에 있어서도 각 분야의 전문가들에게 업무를 맡겨 시스템적으로 관리를 잘하였다는 취지의 말을 하고 있다는 것을 알만한 사람은 알 것이다.

하지만 지금 우리의 상황에서 전두환을 바라보는 국민의 역사적 시각을 생각해보았다면 결코 대통령 후보로서 이런 말을 꺼낼 수는 없었을 것이다. 사려 깊지 않은 대목을 바라보는 윤석열의 지지자들의 마음 역시 찢어졌을 것이다.

죽어 눈을 감기 전까지 수많은 살상을 저지른 범죄자를 공적인 자리에서 노골적으로 두둔한 발언은 아마 두고두고 윤석열 후보의 가슴에 멍울이 되어 있을런지도 모를 일이다. 그가 대통령에 당선된다면 그저 작은 실수로 치부할 수 있을지 몰라도 만약 대통령에 낙선한다면 이러한 뼈아픈 실책이 두고두고 가슴에 남아 있을 것이기 때문이다.

한편 윤석열은 주택청약통장 발언으로 곤혹을 치르기도 하였다. 대한민국에 사는 사람이라면 주택청약제도를 모를 리가 없다. 집이 없는 사람이 집을 분양받기 위해 주택청약통장을 가입하여 매달 얼마간의 불입액을 납입한다는 이러한 제도를 윤석열이 과연 몰랐을까? 어떻든 토론장에서 윤석열 후보는 '집이 없어 청약통장을 만들지 못했다'는 말을 내뱉음으로써 시청자들의 심기를 불편하게 하였다.

다행인 점은 시청자들이나 이에 관한 보도를 접한 사람들의 배려 섞인 반응이다. 설마하니 초등학생들도 알만한 제도를 모를 리가 없을 것이며, 토론하는 과정에서 표현의 미숙 탓에 드러난 촌극 정도로 받아들였다는 점이다.

물론 윤석열 후보로서는 신뢰에 대해 심각한 타격을 입었

이재명 vs 윤석열

을 것이지만 이후 '집이 없으니까 주택청약을 하지, 집 있는 사람이 뭐 말이 안 되는 얘기다'라고 해명함으로써 봉합되었다. 이런 작은 실수처럼 보이는 것도 대통령 후보로서 엄청난 지지율 하락으로 이어지며 후보자에 대한 유권자들의 실망이 누적되어 당선권 밖으로 밀려날 수 있다는 것을 뼈저리게 느끼는 날이 닥쳐올 수도 있음을 잊어서는 안 될 것이다.

이러한 실수의 반복은 훌륭한 대통령을 뽑으려고 눈에 심지를 켜듯 들여다보고 있는 유권자들에 대해 무례를 범한 것과 다를 바가 없다. 그는 또한 '석열이형TV'에서 해명을 한답시고 '청약통장을 모르면 거의 치매 환자'라는 발언을 하면서 설상가상의 실수를 범했다. 해명하는데 급급하다 보니 치매 환자에 대한 부정적 발언으로 엎어진 데 덮친 격이 되고 말았던 것이다.

음식점 주인이 윤석열을 만나자 '주택청약 진짜 몰랐느냐?'고 물었던 적도 있다. 조심스럽게 물어온 주인에게 윤석열은 물론 정중히 예의를 갖추어 대답하는 것을 보았다. 그가 바보천치가 아니고서야 주택청약을 몰랐을 리는 없을 것이다.

하지만 앞에서 범한 말의 실수를 다시 범했다는 점에서 국민에게 실망을 안긴 점은 뼈아픈 실책이 아닐 수가 없다. 집도 없고 혼자 살다 보니 만들지 못했다는 것을 말하려다가 잠깐 말이나 생각이 꼬였다는 것을 알 수 있지만 대통령이 되어서도 이러한 실수를 한다면 우리의 국익에 치명적이 되지 않을까.

실수가 잦다면 어쩌면 나쁜 버릇이며 습성이고, 지식이 일천(一淺)하다는 것을 만천하에 드러내는 결과를 불러올지도 모른다.

이재명의 말, 말, 말

우리에게 불행한 느낌이 드는 것은 왜일까.

기대했던 윤석열의 지지자들과 마찬가지로 이재명 후보 역시 말의 실수를 여실히 보여주었다. 말이란 것이 평소 얼마나 중요한 것이며, 말의 습관이란 것이 얼마나 가치 있는 영역이었는지 비교적 재치와 익숙한 능력으로 유권자들의 지지를 받고 있는 이재명 역시 사무치게 통감했을 것이다.

이재명 vs 윤석열

이재명은 윤석열 후보보다 세련된 말투와 유창한 말솜씨를 보여주었지만 그 역시 말실수를 피해갈 수는 없었다. 이재명 후보는 자신의 말을 통한 혜택이란 것보다 상대 후보의 실수로 인한 반사이익을 보았던 것은 분명한 일이다.

그런데도 자신의 말실수를 범한 것은 평소의 언어습관이 얼마나 중요한지 깨닫는 계기가 되었을 것이며, 앞에서 강조한 것처럼 신언서판이란 기준에 심각한 흠집이 생기고 말았다는 점 역시 통절히 깨달았을 것이다.

안철수의 초보 운전자론

안철수 국민의당 후보는 이재명 후보와 윤석열 후보에 대해 음주 운전자와 초보운전자란 말로 비유를 하였다.

이에 대해 이재명 후보는 '음주운전 경력자보다 초보운전자가 더 위험하다'는 발언을 하였다. 안철수 후보는 물론 이재명 후보의 음주운전 경력을 빗대어 그렇게 표현했을 것이지만 이재명은 이를 받아쳐서 자신의 잘못을 깨끗이 인정하고 사과까지 하면서 공직자가 된 이후에는 실수하지 않겠다는 취지의 말임을 어필하고 나섰다.

 안철수는 이에 대한 반박의 말로써 처음 정치에 들어선 윤석열 후보를 초보운전자 프레임에 가두는 투로 말을 하면서 우리 국민이 대한민국의 5년이란 운명을 음주 운전자와 초보운전자 중 한 사람을 뽑아 맡기려 하는 우를 범하고 있다고 지적하기도 하였다. 지난 과거의 흔적조차 대통령이 되려는 자들에게는 중요한 판단의 근거가 된다는 점을 여실히 보여주는 대목이다.

이재명 vs 윤석열

초보운전은 얼마나 위험할까?

이재명 후보의 말의 실수를 통틀어 가장 치명적인 대목은 가족 간의 불협화음이다. 이미 알려질 대로 알려진 대목이 기도 하지만, 형수와의 사이에 쌍욕을 하던 장면이 녹취되어 시중에 떠돌아다닐 정도가 되었으니 치명상을 입었다고 판단할 수 있을 것이다. 그때도 훗날 자신이 대통령 후보에 오를 수 있었음을 의식했다면 이런 무례한 욕설까지 튀어나 오지는 않았을 것이다.

어떤 사람들은 이재명의 이런 점을 두고 인간적이라는 감정으로 통 크게 받아들이는 경우도 있다. 하지만 윗사람에 대한 이런 입에 담기 힘든 욕설이 난무한 것을 두고 과연 그가 대통령이 될 자격이 있는 것인가의 문제를 두고는 심각한 고민을 필요로 할 수도 있을 것이다.

사죄를 하려거든 정성껏 해야 한다. 사죄를 하고 잘못을 용서한다고 하면서도 진실성이 결여되어 있다면 상대를 감동시키지 못한다. 말과 행실이 서로 다르면 욕이 조상까지 미친다고 하였는데 후보들의 사과는 조심스럽데 진실되게 해야 하는 것이다.

또한 행실이 자신의 말과 다를 때는 욕이 결국 자신의 몸에 미친다고 하였으니 이는 하나도 버릴 데가 없는 진리의 말이나 진배없다. 행실은 정직해야 하고 말은 믿음직스럽고 참되어야 한다. 정말 임금 같은 왕후장상이 되려는 자의 몸가짐은 각별해야 한다는 법이다.

말이 중요하다는 것을 이재명 후보 역시 마음에 되새기는 것을 엿볼 수 있었다. 이재명은 어느 날 갑자기 취재진과 주고받는 브리핑을 중단하는 사태에 이른다. 입을 잘못 열어

이재명 vs 윤석열

실수를 줄이려는 취지였다. 언론의 눈에 이런 후보의 모습이 마치 말을 의도적으로 회피하려는 듯 비쳤던 모양이다. 이재명의 이러한 태도를 두고 한 언론사는 '고구마가 되었다'고 표현한 바가 있다.

이렇게 말을 아끼면서도 행사를 진행하는 중에 '오피스누나 이야기'라는 작품에 대한 자신의 생각을 피력하다가 그만 '제목이 확 끄는데요'라는 말을 해서 다시 한번 성인지 감수성 논란에 휩싸였던 것이다.

메시지를 많이 내다보니 각종 현안에 대한 지속적이면서 즉흥적인 상황이 되어 제대로 자신의 생각을 가다듬지 못한 상황에서 비롯된 결과물이다. 그냥 평범한 시선으로 본다면 아무런 문제가 없는 말도 대통령 후보라는 타이틀이 이러한 결과를 만들어버렸다.

말보다 내면이 중요

사람들은 이재명의 말실수보다 그의 말 바꾸기의 태도를 더 문제 삼는 경향도 있다. 윤석열의 말실수보다 이재명의 말 바꾸기가 더 문제라는 입장이며, 실제 한 여론조사에서 이를 반영하는 결과가 도출되기도 하였다.

'윤석열의 말실수 문제(44.9%)'보다 '이재명의 말 바꾸기 문제(47.1%)'가 더 큰 문제임을 보여주는 리서치 결과물이다.

이재명의 말 바꾸기 인상은 그가 말을 바꾸기의 명수라는 것보다 상황판단이 빠르고 대처하는 능력이 뛰어나다는 것을 보여주는 반증이라 할 수 있다.

이 글을 통해 반대자들이 공격하는 입장에서 편을 들고 싶지 않다. 이런 이재명식 대응을 보면 그가 좀 더 준비된 후보라는 인식을 갖게 하는 것도 사실이다. 그런데 문제는 정말 대한민국의 대통령이란 자리가 말이라는 밑천을 가지고 점령해도 되는가에 대한 의문을 가지게 된다는 점이다. 말은 물론 자신의 생각이나 정책을 드러내는 첫 번째 도구라는 점은 부인할 수가 없다. 말보다 내면 역시 중요하다는 것을 모르는 사람은 없을 것이다.

누가 되든 우리와는 상관없는 일이라고 치부하기에는 후보들의 역량이 가져올 미래에 대한 비용손실의 정도가 가늠하기조차 어려울지 모른다. 잘못 뽑으면 제2의 박근혜 사태가 일어날 수도 있음을 누가 부정할 수 있단 말인가.

그들이 권력을 쥐었을 때에 일어날 수 있는 일을 국민들은 상상할 수 있어야 한다. 언제까지 초보라는 이유로, 그저 철없던 시절 한두 번의 실수라는 이유로 선택의 자유를 스스로 프레임 안에 가두어둘 것인지 생각하면 놀랍지 않을 수가 없다.

어떤 언론인이 '투표는 도박하는 심정'으로 해야 하는지 대놓고 물었던 기억을 잊을 수가 없다. 그렇다. 어떤 점에서 우리는 아주 위험한 도박의 장에 들어서고 있는지 모를 일이다. 자본의 밑천이 모두 털리고 게임이 끝날 때까지 버티고 있을 인내의 한계에 도달할 때까지 우리는 도박장에 갇혀 위험한 게임을 실행해야 하는 운명에 처한 것인지도 모른다.

우리는 두 패 중에 하나의 패를 선택할 수밖에 없는 입장에 처해 있는 게 현실이다. 따라서 최선을 추구하는 마음으로 차선을 선택해야 하는 순간이 도래하고 있음을 시시각각 느끼며 돌파구를 열어나갈 수밖에 없는 것이다.

이재명 vs 윤석열

두 사람의 음주 스타일

술은 인간의 나약한 심신 상태를 강하게 해주는 마약 같은 존재라고 해도 틀린 말은 아니다. 술을 좀 마신다는 사람들은 이 말에 토를 달지 못할 것이다. 울적할 때도 기쁠 때도 술을 찾는 것은 술꾼들의 루틴이라 할 수 있다. 술은 벗을 불러오고 때로 용기도 불러오고 간혹 폭력도 불러오는 법이다. 술이 마약 같은 존재라는 말의 의미에는 자칫 술이 자신의 몸과 마음을 망치게 할 수 있다는 위험한 음식이라는 것을 반영하고 있다.

우리가 누군가를 알려면 함께 술잔을 기울여 보면 알 수 있다고 한다. 하지만 술이 아무리 천의 얼굴을 숨기고 있다 하더라도 술의 중심을 잡는 것은 자기 자신인 것이다. 인생을 술 한잔으로 보낸다는 말도 한다.

원숭이들도 술을 마시고 싸움을 한다고 하는데 사람이 원숭이와 다른 것은 이들보다 예의를 안다는 점이다. 그래서

술 마시고 무례한 행동을 하는 이들을 원숭이보다 추하게 바라보는 시각이 자리 잡고 있다.

그런데 황금이 사람의 마음을 검게 만들 수도 있듯 술 빛깔이 비록 희다고 해도 술을 마시면 얼굴이 벌겋게 달아오르는 것은 술이 사람을 위험에 빠뜨릴 수도 있음을 암시하는 말이다.

술을 빌려 사람을 평가하려는 것은 결코 좋은 방식이 아닐 것이다. 하지만 우리는 차선의 선택을 해야 하는 사명감을 지니고 있기에 이를 통해 선택의 작은 빌미라도 마련해보자는 취지에서 이 지면을 메우고 있다는 점을 밝혀둔다.

우리도 그렇지만 술의 힘을 빌려 자신의 신세를 한탄하기도 하고 자신의 내면을 남에게 비춰 보일 때도 있다. 필자는 이재명 후보가 자신의 가정사에 대해서 마치 술을 마신 사람처럼 감성에 빠지는 것을 보고 그에게 이상한 매력 같은 것을 느꼈던 것 같다. 마치 술을 마신 듯한 감상 안에서 파란만장한 자신의 지난날을 떠올려보았는지도 모른다.

갑작스럽게 공개한 자신의 가정사의 핵심은 자신이 비천한 집안의 출신이란 것이다. 그는 친척의 문제가 수면 위로

이재명 vs 윤석열

불거져 나왔을 때 주변을 뒤졌을 때 더러운 게 많이 나온다면서 진흙 속에서도 꽃은 피어날 수 있음을 피력했다. 비천한 출신이 자신의 탓이 아니라는 대목에선 물론 그와 비슷한 환경의 필자 역시 숙연함마저 느껴졌던 것이 사실이다.

그는 아마 장차 치열한 선거전에서 불거져 나올 자신의 가정사에 대해 미리 수성(守城)을 하겠다는 의지의 표현이었을지도 모르겠다. 형수에 대한 극에 달할 정도의 욕설이나 불편한 정도의 감정을 표현한 형님과의 문자 공방, 살인(殺人)을 하였다는 조카의 변론 문제, 친형에 대한 강제입원의 사태 등은 이재명 후보의 입장에서는 아주 치욕스런 대목이었을 것이다. 하지만 스스로 밟고 건너지 않으면 방법이 없을 것이라는 점도 이미 파악하였을 것이기에 슬프고 아픈 가정사를 스스로 터뜨렸으리라.

고도의 전술적 행동인가?

선수를 치는 이재명 후보의 행동에 대해 비열한 행동이라고 말하는 사람들도 더러 있을 것이다. 자신의 패륜적 과오(過誤)를 사전에 방어하기 위한 고도의 전술적 행동이란 주장을 그들은 펼치고 있다.

과연 그럴까?
이재명의 부모님 역시 그저 가난한 시대를 살아온 우리들의 부모님과 같다. 가난을 몸에 두르고 살아온 우리의 부모들 역시 대동소이한 삶을 살았다. 자신의 의지와 관계없이 일어난 일에 대해 그에게 책임을 물을 수 있는 이유란 없을 것이다.

그런 환경을 극복하고 현재에 이른 이재명 후보에게 오히려 이런 대목에선 분명 박수를 보낼 만하다. 하지만 이점 역시 그에게 특별한 이점으로 작용할지는 의문이다.

왜냐하면 오직 자신만이 진흙 속에서 꽃을 피운 것은 아니기 때문이다. 세상에 드러나지 않은 '무시렁이의 삶'에도 이런 잔잔한 감동 스토리는 있을 수가 있기 때문이다. 그는 자신의 가정사를 통해 감성팔이를 하는 것보다 차라리 과감히 진흙밭을 밟고 도전하는 자세로 임하는 것이 대통령이 될 가능성이 크다는 생각이다.

뒤에서 살펴보겠지만 윤석열과 이재명의 삶은 극명히 대조된다.

술이란 측면에서 삶을 들여다본다면 윤석열보다 이재명에게 술이 각별한 친구처럼 다가왔을 거라는 생각이다. 공중화장실에서 청소를 하고 사용료 10원, 20원을 받아 생계를 책임졌던 그의 어머니를 생각하면 괜히 가슴이 울컥해진다. 이런 환경에서 학교에 진학하지 못하고 공장 노동자로서 어린 시절을 보냈을 이 후보의 삶을 떠올리면 정말 가슴이 먹먹해져 오는 것을 느끼게 된다.

그렇다고 이런 감성이 그를 무조건 지지하느냐의 문제와는 별개의 것이란 점을 간과해선 안 된다. 그가 공장에서 노동자로 일을 하다 작업사고를 당해 장애자가 되었다는 것이 대통령 후보로서의 이점이 되리라는 생각은 금물이다. 감성을 통해 대통령을 선택할 수는 없는 노릇이기 때문이다.

이재명 vs 윤석열

이재명은 음주운전의 경력이 있다.

대통령이 되어야 한다는 생각을 심중에 두었다면 이런 일
도 아마 사전에 방어했을지 모른다. 하지만 어느 누가 향후
대통령이 될 거라는 전제하의 삶을 산다고 할 수 있겠는가.
그저 어려운 여건 속에서 최선을 다해 목표한 삶을 이룬 젊
은 청년의 성공사례라고 하는 편이 옳다.

이재명의 술 마시는 특성 역시 우리 일반인들과 하나도
다르지 않다. 그도 역시 우리처럼 술을 마시고 속상한 마음
을 달래기도 하면서 음주운전을 할 수 있는 것이다. 이제는
어떤 상황에서라도 음주운전을 해서는 안 되는 일이지만 적
어도 술의 성향을 얘기해야 한다면 보통 사람들과 다르지
않다는 점이다.

반면에 윤석열 후보의 경우에는 그가 성장해 왔던 환경
자체가 달랐다. 술에 관한 사람의 습성이 환경의 차이처럼
달리 나타날 수 있다고 단정 지어 말할 수는 없겠지만 환경
의 영향에서 결코 자유롭지 않다고 결론 지을 수도 없을 것
이다.

윤석열은 비교적 부유한 집안에서 자랐다.

교수인 아버지 밑에서 명문대 법대에 입학한 윤석열은 집안이 넉넉한 탓에 사법시험에 9수(修)를 할 수 있었다. 다른 고시생들은 엄두를 내지도 못하겠지만, 윤 후보는 사법시험을 며칠을 앞두고 친구 부모님 장례식장에 찾아가 그 친구를 위로하며 밤새 술을 마신 일은 '그의 성품'을 알려주는 '인간적인 에피소드'이다.

　　윤석열의 이런 성향을 어떻게 이해할 수 있을까.
　　사시를 앞에 둔 다른 수험생과는 달리 친구와 슬픔을 나누며 술자리를 할 수 있는 호탕함으로 받아들일 수도 있을

　　　　　　　　　　　　　　　　　　　이재명 vs 윤석열

것이다. 반면에 검정고시를 통해 중졸, 고졸 검정고시를 합격한 이후 중앙대 법대에 장학생으로 들어간 이재명은 입학 4년 만에 사법시험에 합격하게 된다.

이재명에게 당시 사시 합격의 길 말고는 어떤 대안도 없었을 것이다. 살아갈 의지를 위협받을 수밖에 없었던 각박한 삶을 타파하는 길이 사시 합격의 방식이었기 때문이다.

두 사람은 법조인의 길을 걷는 방식에서도 뚜렷한 차이를 보인다. 윤석열은 늦은 나이에 합격했음에도 검사로서의 길을 걷는다. 특수부 검사로서 직장생활에서도 승승장구한 스타일이다. 윤 후보가 검사로서의 이미지가 몸에 배어 있다고 느낀다면 당연히 이런 과거의 이력이 한몫을 했을 것이다.

이재명은 자신처럼 불우한 사람들을 위해 성남이라는 거주지로 돌아가서 인권변호사의 길을 걸었다. 시민운동을 하며 성남이란 지역을 정치적 기반으로 삼아 당당하게 일어선 것이다.

음주와 얽힌 사연

이재명의 음주운전은 사연이 있다.

인권운동을 하며 성남시민들과 공공의료원 설립을 목표로 주민발의 조례를 한 일이 있었는데, 장장 1년을 준비하였으나 47초 만에 날치기를 당해 심의 자체가 거부 되었을 때 좌절감을 이겨내려고 술을 마셨던 것이라고 한다.

날치기를 하고 의회를 떠난 의원들을 잡으러 이리 뛰고 저리 뛰었는데 이런 과정에서 연행되어 특수공무집행방해, 공용물건손상죄를 선고받고 울분을 참는 과정에서 비롯되었다. 누군가가 이런 입장에 처한다면 그는 그 울분을 어떻게 표출했을까.

이재명은 공장 노동자로 일을 하면서 후각의 상당 부분의 손상을 입었다고 한다. 그래서 대개 매운맛을 좋아한다고 하는데 술도 아마 '매운 맛'의 술을 좋아하지 않을까.

윤석열은 서울 법대 재학 중에 사시1차시험에 합격했으나 2차부터 내리 낙방을 하고 9수 끝에 합격의 영예를 안았다. 서울 종로구에 위치한 한 전기구이 통닭집이 인생단골집이라는 말이 있는 것으로 보아 술은 충분히 즐기는 스타

이재명 vs 윤석열

일임을 알 수 있다.

연수원 생활을 할 때 동기들에 비해서 나이가 많은 탓인지 술자리를 주도적으로 이끌었다고 한다. 따라서 동기들 사이에서는 맘씨 좋은 형으로 통했다는 것이다. 윤석열 후보의 경우 술에 관한 일화가 독특한데 이른바 텐텐주, 음식점에서 맥주를 주문할 때 유리잔에 소주 절반 맥주 절반을 가득 채운 것을 의미한다. 최근에는 건강상의 이유로 음주의 양을 줄이는 중이라고 한다.

이 정도라면 젊은 시절에는 따라주는 술을 마다하지 않을 정도로 호탕한 두주불사형의 스타일이었을 것으로 생각된다. 항간에 떠도는 정처가 불명한 소문의 하나는 기업의 회장에게 구두 속에 양주를 부어서 폭탄주를 마시게 했다는 것이다.

윤석열 측에서는 전혀 근거 없는 흑색선전이라고 단칼에 잘랐다고 한다. 흔히 사람들이 말하길, '술을 좋아하는 사람치고 인성이 나쁜 사람은 없다'라고 하는데, 그 역시 술을 좋아했던 것을 보면 결코 인성이 나쁜 사람 같아 보이지는 않는다는 점이다.

이재명, 윤석열의 스타일

이재명은 대선후보로서 외적 스타일에 있어서는 최고라
는 찬사를 받고 있다. 백발에 가까운 단정한 머리에서 중년
신사의 멋이 느껴진다. 이미지컨설턴트협회 정연아 회장의
말을 빌리면, "외모적인 면에서 이재명 후보는 손댈 곳이 없
습니다. 머리끝에서 발끝까지 역대 대선 후보 중 가장 옷을
잘 입습니다."라고 칭찬을 아끼지 않았다.

날이 갈수록 선거전이 치열해지면서 후보들 간의 이미지
메이킹 역시 경쟁적으로 달라지고 있다. 연예인을 능가할
만큼 외모 가꾸기에도 치열하게 경쟁을 하고 있는 것으로
보인다.

이재명 후보는 스타일링 면에 있어서 탁월하며, 장소와 상황에 맞게 잘 연출한다는 말도 곁들였다. 그는 이미지 컨설팅 비용으로 8천6백만 원을 사용한 것으로 알려져 있다. 눈에 띄는 점은 흰색 스타일의 머리에서 짙은색 머리를 함으로서 젊은 층에 호감도를 높이려는 시도를 하고 있는 것으로 보인다. 우리의 눈에 분명 백발이 잘 어울린다고 느껴도 젊은 정치가의 이미지를 심어주기 위해 변화를 주었던 것이라 여겨진다.

이재명은 퍼스널 컬러로 봄의 색깔과 조화를 이룬다고 한다. 얼굴의 각 요소와 생김새, 직업 등을 고려하여 하나의 색을 고른다면 봄의 색깔을 고를 수 있을 것이라고 한다. 봄의 이미지는 약동, 생동의 이미지가 강하고 출발의 의미를 지니고 있다는 점에서 당연한 선택이라는 생각이 든다.

이 후보의 이미지 메이커로서 아내의 역할을 무시할 수가 없을 것이다. 머리색을 검은색으로 물들인 것도 아내의 요청이라는 후문이 있다.

이재명은 최근 눈물을 거침없이 흘리며 가족사를 얘기할 때에도 울컥 감정을 출렁이는 모습을 보여주었다. 이러한 태도 역시 감정을 숨기지 않고 솔직히 드러내고자 하는 후보의 전략이 숨어 있다고 볼 수 있다. 정책공약 같은 딱딱한 것보다 감성에 자극하여 표심을 흔들려고 하는 모습으로 읽힐 수 있다.

국민의힘 윤석열 후보 역시 예외가 아니다.

윤석열은 원래 이웃집 아저씨의 이미지가 강했다. '더부룩한 모습과 헐렁한 옷차림'은 영락없는 아저씨 스타일이었다. 즉 '꼰대'라는 이미지가 강했다는 말이다. 하지만 요즘에는 세련된 이미지를 연출하려고 많이 노력하는 모양이다. 2030 세대의 눈높이에 맞추려고 머리 스타일도 변화를 주었다.

들리는 소문에는 눈썹 메이크업도 한다고 한다. 강렬하면서도 주의를 끄는 인상을 주기 위해서 되도록 여러 전문가의 조언을 받아들인다고 한다. 머리를 단정하게 자른 다음 정갈한 가르마를 타고 이마를 훤히 드러냄으로써 리더십이 강한 지도자 이미지를 연출하려고 한다.

본선이 치열해질수록 이런 이미지를 연출하는 방법 역시 치열해질 것이다. 초창기 정치 입문 시에 '쩍벌남'이란 별명을 얻은 점을 되돌아보면서 이런 행동 하나에도 신중을 기하는 입장이다.

　연설을 하거나 메시지를 발표할 때는 아주 연출된 모습처럼 세련되게 달라졌다. 고개를 빈번하게 좌우로 흔드는 것도 하나의 이미지를 형성하기 때문에 최근에는 이런 도리도리 역시 표가 나게 달라졌다는 것을 느낄 수가 있다.

　한 나라의 지도자가 되려면 거북한 행동, 타인에게 부담이 되는 행동은 적절하지 않다는 것을 받아들여야 한다. 단지 오랫동안의 습관이란 이름하에 계속 그런 행동을 한다면 이것은 분명 지지율에 도움이 되지 않을 것이다. 즉석에서 발언하는 것도 이제 사전에 준비한 원고를 읽는 태도로 바꾸었다.

이런 윤석열 후보의 노력을 보면 대통령이 반드시 되고야 말겠다는 의지가 강렬하게 느껴진다. 바람이 있다면 말의 꼬리를 적당히 버무리지 말고 끝까지 힘을 주어 말함으로써 자신의 생각이나 의지가 국민에게 정확하고 강렬하게 전달되기를 바라는 마음이다.

이재명 프로필

성명: 이재명, 李在明, Lee Jae-myung

(전 경기도지사, 더불어민주당 제20대 대통령 선거 후보)

• 생년월일

1964년 10월 23(음력)

실제로는 1963년 12월 8일

경상북도 안동군 예안면 도촌동 지통마

(현 경상북도 안동시 예안면 도촌길 505)

• 본관

경주 이씨

(국당공파菊堂公派 41세손)

• 신장

172cm

• 혈액형

B형

• 직업

정치인(더불어민주당)

전 35대 경기도 지사

(2021년 10월 25일 대선출마로 사퇴)

더불어민주당 제20대 대통령 선거 후보

변호사

• 학력

삼계초등학교(졸업)

(현 월곡초등학교 삼계분교장)

중학교 졸업학력 검정고시 합격

고등학교 졸업학력 검정고시 합격

중앙대학교 법학과 학사(졸업)

가천대학교 행정대학원(행정학/석사)

• 경력

제28회 사법시험 합격

사법연수원 18기 수료

민주사회를 위한 변호사 모임 국제연대위원

성남 참여연대 집행위원장

성남시립병원설립추진위원회 공동대표

국가청렴위원회 성남부정부패신고센터 소장

민주통합당 기초자치단체장협의회 의장

대통합민주신당 부대변인

제19대 경기도 성남시장(민주당)

제20대 경기도 성남시장(새정치민주연합)

더불어민주당 제19대 대선 경선 후보

제35대 경기도 지사(더불어민주당)

이재명 vs 윤석열

한국상하수도협회 수자원 본부 상하수과장(당연직)

제14대 전국시도지사협의회 부회장

더불어민주당 제20대 대통령 선거 후보

• 수상경력

성남 NCC 인권위원회 인권상

포브스 글로벌 CEO 대상(글로벌 도시 브랜드 부문 2012년)

동아일보 대한민국 경영대상(윤리경영부문 2013년)

한국경제매거진 대한민국 소통경영(2013년)

매경미디어그룹 대한민국 창조경제 리더(2013년)

중앙일보 한국을 빛낸 창조경영대상(2013년)

포브스 최고경영자 대상(시민중심경영 부문 2014년)

동아일보 대한민국 경영대상(윤리경영 부문 2014년)

TV조선 한국의 영향력 있는 CEO

대한민국 소비자 대상(소비자행정 부문 2015년)

전국기초자치단체장 매니페스토 최우수(사회적 경제부문
2015년)

대한민국 CEO 경영대상 (일자리 창출 경영부문 대상 2016년)

올해의 브랜드 대상(정책부문 2017년)

한국매니페스토실천본부 전국 시, 도지사 공약이행 및 정
보공개 평가 SA 등급(2019년)

제7회 소비자권익증진 상(지방자치단체장 부문 2021년)

• 저서

『기본소득이란 무엇인가』

『이재명, 대한민국 혁명하라』

『이재명의 굽은 팔』

『이재명은 합니다』

『나의 소년공 다이어리』

• 가족관계

부친-이경희(1931년생, 1986년 사망)

모친-구호명(1931년생, 2020년 3월 13일, 88세로 사망)

배우자(부인)-김혜경(1966년 8월생)

아들(장남)-이동호(1992년생)

아들(차남)-이윤호(1993년생)

형-이재국(1954년생)

형-이재영(1958년생)

형-이재선(1959년생, 2017년 11월 폐암으로 사망)

(공인회계사, 전 박사모 성남시 지부장)

누나-이재순(1956년생)

여동생-이재옥(1967년생, 2014년 사망)

남동생-이재문(1968년생)

• 병역

면제(신체부위 다중장애 및 일부 영구손상)

• 종교

개신교

• 재산

28억 6천 437만 원(2021년 정기 재산변동 기준)

• 전과

무고, 공무원(검사)자격사칭(벌금150만 원/2003년 7월 1일)

도로교통법위반(음주운전)(벌금 150만 원/2004년 7월 28일)

공용문건손상, 특수공무집행방해(벌금 500만 원/2004년 8월 26일)

공직선거법 위반(벌금 50만 원/2010년 10월 16일)

윤석열 프로필

성명: 윤석열, 尹錫悅, Yoon Seok Youl
(전 검찰총장, 국민의힘 20대 대통령 선거후보)

• 생년월일

1960년 12월 18일

서울특별시 서대문구 연희동 출생

• 본관

파평 윤씨

• 거주지

서울특별시 서초구 서초동 아크로비스타

• 직업

전 43대 검찰총장(2021년 3월 5일 사퇴)

(2021년 6월 29일 대선 출마 공식 선언, 11월 5일 국민의힘 대통령

선거 후보로 선출)

• 소속정당

국민의힘(2021년 7월 30일 입당)

• 학력

대광초등학교 졸업

중랑중학교 졸업

충암고등학교 졸업

서울대학교(법학과/학사)

서울대 대학원(법학/석사)

• 경력

제33회 사법시험 합격

사법연수원 23기 수료

대구지방검찰청 검사

춘천지방검찰청 강릉지청 검사

수원지방검찰청 성남지청 검사

서울지방검찰청 검사

부산지방검찰청 검사

법무법인 태평양 변호사

광주지방검찰청 검사

16대 대선 불법대선자금 수사팀 검사

의정부지방검찰청 고양지청 검사

대검찰청 중앙수사부 검찰연구관

이명박 대통령후보 주가조작 등 혐의 진상규명 파견검사

제46대 대전지방검찰청 논산지청 지청장

대구지방검찰청 특별수사부 부장검사

대검찰청 범죄정보2담당관

대검찰청 중앙수사2과장, 중앙수사1과장

서울중앙지방검찰청 특별수사1부 부장검사

수원지방검찰청 여주지청 지청장

국가정보원 여론조작 사건 특별수사팀장

이재명 vs 윤석열

대구고등검찰청 검사, 대전고등검찰청 검사
박근혜 정부 국정농단 사건 규명 특별검사실 수사4팀장
서울중앙지방검찰청 검사장
제43대 검찰총장(문재인 정부)

• 병역
전시근로역(부동시不同視 – 양쪽 시야 불균형)

• 가족관계
부친-윤기중(1931년생)
충남 공주시 출생, 연세대학교 명예교수
모친-최정자
강원도 강릉시 출생, 전 이화여자대학교 교수

배우자-김건희(1972년생)
2012년 3월 결혼, 코바나컨텐츠 대표

장모-최은순, 사업가로 활동

이재명의 스토리 라인

어린시절의 이재명

    이재명의 초등학교 1학년 생활기록부에는 그가 고집이 세고 성적이 미미하지만 씩씩하고 동무들과 잘 어울린다고 기록되어 있다. 당시 어떤 집이나 그렇듯 생활 형편이 넉넉하지 못했다. 돈이 없어 수학여행을 갈 수 없는 그에게 담임이 찾아와 데려갔다고 한다. 도화지나 크레파스 살 돈이 없어

이재명 vs 윤석열

그림 그리는 시간이면 으레 화장실 청소를 했다는 것이다.

그는 중학교 진학 대신 목걸이 공장에 다녔다. 학교에 다녀야 할 나이의 이재명은 처음 직장에서 몇천 원 되는 월급을 하나도 받지 못하고 떼였다. 나이가 너무 어린 탓에 이름을 속여가며 공장을 떠돌았다.

위키백과에 기록된 그의 이력에 따르면, '동마고무'라는 직장에서 손가락을 다쳐 산업재해를 입었다고 한다. 이후에도 공장을 전전한다. 프레스 공장에서 손목 관절이 으스러지는 두 번째 사고를 당한다. 하지만 아무리 몸이 아파도 일을 그만둘 수 있는 상황이 아니었기에 치료도 제대로 받지 못한 탓에 이후 장애인 6급 판정을 받게 되었고, 이로 인해 병역면제 판정을 받게 되었다.

고달픈 소년공

이재명의 학구열은 남달랐던 것 같다.
찢어지게 가난한 집안의 자녀들은 공부할 엄두를 내지 못하고 공장 생활을 하는 상황에서 절대로 공부에 대한 집념을 포기하지 않았던 모양이다. 같은 시대를 살았던 사람 중에 고입, 대입 검정시험으로 대학에 들어간 경우란 흔한 일이 아니었다. 고입자격 검정고시에 합격하고 이후 2년여가 채 되지 않아 대입자격 검정고시에 합격한 것을 보면 두뇌도 뛰어날 뿐만 아니라 노력 또한 게을리하지 않았던 게 분명하다.

이재명은 1982년도에 학비를 지원받고 생활비 20만 원까지 혜택받는 장학생으로 중앙대 법학과에 입학하게 되었던 것이다.

고시 합격과 인권변호사

이재명은 대학 졸업과 동시에 사법시험에 합격했다.

사법연수원 재학 당시 노무현 변호사의 강연을 듣고 몹시 감명받았다고 한다. 그날 이후(훗날 노무현은 대통령이 됨) 남들이 흔히 선택하는 판사나 검사를 지원하지 않고 인권변호사의 길을 선택한 것이었다.

사법연수원 18기 동기생 출신으로는 문무일 전 검찰총

장, 김진태 전 미래통합당 의원, 정성호 현 더불어민주당 의원 등이 있다.

인권변호사 시절의 이재명

이재명은 자신이 누구보다 잘 알고 있는 노동현장을 무대로 인권변론을 도맡았다. 인천, 성남, 광주 등지를 바삐 오가며 열악한 환경에서 위험을 무릅쓰고 일하다 억울한 상황을 맞은 노동자들을 대변하게 되었던 것이다.

그는 노동 및 인권변론을 하며 인권변호사, 사회운동가로 지역사회에 알려지게 된다. 인권변호사로 한창 이름을 알릴 무렵, 성남시에 있는 종합병원 2곳이 폐업했는데, 이를 계기로 이재명은 성남시립병원설립추진위원회 공동대표로서

활동하게 된다. 성남과의 인연을 아주 깊게 만든 계기의 하나였던 셈이다. 성남시민들과 함께 성남시립병원 설립 운동을 시작한 것이다.

하지만 그는 성남시 시의회의 날치기 통과를 목격하면서 인권변호사란 타이틀과 사회운동만으로는 결코 원하는 세상을 만들 수가 없다는 것을 깨닫게 된다. 그가 정치에 입문하게 된 까닭이 여기에 있는 것이다.

정치판을 향하여

이재명은 이제 정치무대를 향하게 된다.

오늘날, 집권 여당인 더불어민주당 대통령 후보가 된 배경에는 바로 정치무대로 향한 그 날의 첫걸음이 있어서 가능했던 일이다. 2006년 지방선거에서 공천을 받아 성남시장 선거에 출사표를 던졌지만 아쉽게 낙선했다.

이후 이어진 2007년 대통령 선거에서 정동영 대통합민주신당 대통령 후보 비서실 수석부실장으로 활약을 펼쳤다. 2008년 총선에서 성남시 중원구 선거구에 공천신청 하였지만 당내 경선에 패배하고, 지역구를 옮겨 성남시 분당구 갑에 전략공천 된다. 하지만 그 지역은 보수정당의 전통적 텃밭이었던 것이다. 역시 낙선의 고배를 마시게 된다. 낙선후 정세균 민주당 대표의 러브콜을 받고 민주당 부대변인으로 일하면서 마음을 가다듬을 수가 있었다.

이재명이 오늘의 대통령 후보의 훈장을 얻는 데는 불과 10년 이쪽저쪽의 일이다. 그가 이번 대통령 선거에서 제20대 대통령에 당선된다면 십여 년이란 세월이 한 사람을 이렇게 바꿔놓을 수가 있음을 그가 증명하고 있는 셈이다.

그는 2010년 지방선거를 통해 비로소 제19대 성남시장에 당선되었으며, 연달아 재선에도 성공할 수가 있었다. 정치적 발판의 계기를 마련한 것이 불과 10여 년 전에 지나지 않는다는 점이다. 하지만 전국에 널려 있는 수많은 지방자치단체장 가운데 유독 이재명이 세상에 알려지게 된 배경은 따로 있었다.

그는 처음 시작했던 마음으로 서민의 시장이 되고자 하였는데 호화논란으로 말썽을 빚은 시장실부터 뜯어고쳤다. 시장실을 북까페로 만들고 시민들과도 소통하기 시작했다. 시장실을 아주 좁은 공간으로 옮기고 되도록 시민들에게 좋은 데를 제공해주었다. 이런 이재명의 마음을 성남시민들이 먼저 알아보게 되었고, 연달아 재선에도 성공하게 되었던 것이다. 하지만 이런 정도의 행동을 보고 성남시민들은 감동했을지 모르지만 전국적 인물로 떠오른 데는 다른 이유가 있었다.

시장 취임 이후 처음 갖는 기자회견에서 그만 '모라토리엄'을 선언해버린 것이다. 성남시의 재정난이 심각해서 LH와 국토부 등에 내야 할 판교신도시 조성사업비 5,200억 원을 갚을 수 없다며 버텼다. 당연히 국토부 등과 분쟁이 시작된 것이다. 이때부터 이재명은 전국적 인물로 세상에 알려지게 되었다.

성남 시장실 개방

　그가 전략적으로 삼은 것은 다른 시장들과의 차별화 정책
이었다. 트위터나 페이스북 등 SNS를 활용해 시민들과 소
통의 장을 만들었다. 부정부패를 척결하고자 시장실에 직접
CCTV를 설치했다. 무상교복 제공 등 특히 복지정책에 초
점을 맞추어 오직 시민들의 입장에서 정책을 펼쳤다. 이런
그의 행동이 시민들의 시선을 사로잡았고, 이런 과정을 통
해 연임에도 쉽게 성공하였다.

　이재명이 특히 전국적인 인사의 물망에 오르게 된 계기
가 있었다. 이른바 그의 이니셜처럼 되어버린 '사이다 발언'

이 그것이다. 세월호 참사 이후 이재명은 거침없이 정부를 비판하게 된다. 철저한 진상규명을 촉구하고 박근혜 정부에 대항해 10일이 넘는 단식농성까지 벌였다.

'박근혜-최순실 게이트'의 촛불집회에서 이재명은 "박근혜 대통령은 이미 대통령이 아니다."라는 발언을 하였는데 이게 전국민에 알려지면서 각종의 여론조사에서 문재인에 이은 차기 대통령 후보 2위에 오르는 기염을 토한 것이었다.

이재명 vs 윤석열

사이다 발언

단순히 이재명의 사이다 발언 때문에 그의 지지율이 올라간 것은 아니다. 한순간의 이벤트나 말장난으로 대통령을 뽑는다면 1등으로 토론을 하거나 말 잘하는 아나운서를 뽑으면 된다.

하지만 국민들은 수준이 매우 높고 단순하지 않기 때문에 무엇보다 사람이 걸어온 길을 살펴본다. 과거 어떤 길을 걸었고 어떤 업적을 남겼는지 꼼꼼하게 살펴본다.

지금 이재명이 대통령 후보로서 국민적 관심을 갖는 것은 그의 말이 아니라 행동으로 보여준 그의 과거 이력 때문이다. 이런 사람한테 나라를 맡겨도 되겠다는 신뢰를 국민적 지지로 보여주고 있는 것이다. 그는 8년이란 기간 동안 성남시장으로 재직하면서 신입생 무상교복지원, 청년배당정책, 성남시의료원 건설 같은 굵직한 정책을 펼쳤다. 그가 표방한 287개의 공약 가운데 270여 개를 실천했다는 기록이 있는데 '공약 실천율 94.1%'라는 놀라운 기록을 세운 것이다. 또한 성남 FC같은 시민의 사기를 북돋는 구단을 창설한 것도 오늘의 이재명을 있게 한 업적이라 할 수 있다.

어떻든 사이다 발언 이후 전국적인 인물이 된 것은 틀림 없는 일이다. 19대 대통령 선거를 위한 후보 선출에서 그는 아깝게 안희정에게도 밀려 최종 3위를 기록했지만 강력하게 전 국민에게 자신을 각인시켰다. 이런 과정을 통해서 제7회 지방선거 경기도지사 후보 각종의 여론조사에서 선두를 달리게 되었고, 결국 성남시장직을 내놓고 경기도지사 출마를 선언, 남경필 전 도지사를 큰 표차로 누르고 제35대 경기도지사에 당선되었다.

그는 경기도지사의 취임식에서도 강렬한 인상을 남겼다. 도민과 공무원들 앞에서 선서를 하면서 세 가지를 강조했다.

첫째, 약속을 지키는 도지사
둘째, 도민의 말을 경청하는 도지사
셋째, 강자의 횡포를 누르고 약자를 돕는 도지사가 되겠다는 다짐이었다.

이재명 vs 윤석열

계곡의 불법 시설물 철거작업

　이재명은 도지사로서 숙원사업이던 불법 계곡 설치물을
철거하는데 칼을 빼어들었고, 불법시설을 적발하고, 어려운
도민들의 민생을 철저히 살폈다.

　아주대 병원 이국종 교수의 바람이기도 하였던 닥터헬기
가 경기도내 공공청사, 학교운동장, 공원 등에 자유롭게 이
착륙이 가능하도록 계약을 체결했다. 코로나19가 시작될
무렵 그는 아주 강력하게 도지사로서의 역할을 수행했다.

신천지 교인들의 명단제출을 경찰권을 발동하여 강력히 요구하였고, 역학조사관을 대동하여 직접 현장을 급습하여 신도 명단을 확보했던 것이다. 코로나 19의 어려운 여건을 감안하여 방역과 복지에도 남다른 애정을 갖고 민생을 챙기고 해결하려는 의지를 보이고 있다.

대권 도전

이런 점들이 이재명이 집권 여당의 대통령 후보가 되고도 남을 만한 진실한 모습들이다. 앞으로의 이재명의 정치적 운명을 우리의 손으로 만들어 나간다는 일이 결코 쉽지 않을 뿐만 아니라 나라의 운명이 좌우된다는 점에서 숙연해질 수밖에 없는 순간이다. 그는 그렇게 제20대 대통령 여권 후보에 도전장을 내밀게 되었던 것이다.

윤석열의 스토리 라인

전두환 사형 모의 재판

청년 윤석열

윤석열은 남다른 정의감의 청년이었다.

서울대 법학과 동기생들에 의하면, 그는 매우 활달하며 교우 관계 역시 원만한 사람이었다. 친구들의 기억에 윤석열 하면 떠오르는 것은 의리 있는 친구라는 점이다. 이런 성격을 대변이라도 하듯 대학 재학 중에 1980년 5·18 광주

민주화운동 유혈진압과 관련한 모의재판을 실시하였는데, 윤석열은 그 모의재판에서 검사역을 했다고 한다.

 윤석열은 전두환에게 사형을 구형했다. 살벌한 시대에 아무리 모의재판이라 하더라도 그런 법적 판단을 내린다는 것은 목숨을 거는 일과 같았다. 모의재판의 내용이 밖으로 소문이 나고 유출되면서 윤석열은 한동안 강원도로 피신까지 했다는 것이다.

이재명 vs 윤석열

9번 떨어진 고시생

윤석열의 특이사항 중에 병역에 관한 문제가 있다.

그는 두 차례 징병검사를 연기하였는데 양쪽 눈의 시력 차가 커서 부동시로 병역면제를 받았다. 전시근로역 처분을 받은 것은 이러한 이유 때문이다.

윤석열은 대학 4학년 때 사법시험 1차에 합격하였으나 2차 시험에 떨어진 후 내리 아홉 번이나 합격하지 못했던 것이다. 겨우 서른 살이 넘은 나이에 합격하여 사법연수원 동기들보다 나이가 몇 살이나 더 많았다고 한다.

정의파 검사

그는 국가정보원 여론조작 사건의 특별수사팀장으로 활동한다.

검찰 수뇌부의 반대에도 아랑곳하지 않고 국정원 압수수색을 단행, 직원을 체포한 정의파 검사였다. 원세훈 전 국정원장에게 공직선거법 위반 및 국가정보원법 위반혐의를 적용한 바 있다.

윤석열은 이 일로 국정감사 증인으로 나서기도 하였는데 이때 했던 말이 전설처럼 회자(膾炙)되고 있다.

"나는 사람에게 충성하지 않는다."

이 사건은 윤석열에게 당시에는 커다란 시련을 주었던 것 같다. 좌천이란 보복을 당하기라도 하듯 계속적으로 지방을 전전한다.

국정감사에서 발언하는 윤석열

그러나 우직한 그의 성품 탓인지 윤석열은 우여곡절 끝에 문재인 정부의 부름을 받아 검찰총장에 오르게 된다. 하지

이재명 vs 윤석열

만 2020년 11월 24일 추미애 법무부 장관에 의해 검찰총장 직무가 정지된 초유의 사태까지 벌어진다.

검찰총장에서 대권 주자로

윤 후보와 추미애는 본격적인 대립 관계를 형성하는데 이런 사건 탓인지 윤석열은 국민의 지지를 받게 된다. 추는 윤에게 정직 2개월의 징계를 내리지만 윤은 이러한 직무 정지가 부당하다며 집행정지를 신청하고 서울행정법원은 이에 인용을 결정하게 되는 것이다.

윤석열의 아내 김건희 씨

윤석열은 50이 넘은 늦은 나이에 아내 김건희를 만난다.

슬하에 자녀는 두지 않았지만 아내에 대한 사랑이 각별하다는 소문이다. 자녀가 없는 탓인지 애완묘, 애완견과 가정을 꾸리며 단란하게 살아가고 있다.

윤석열 후보를 생각하면서 아쉬운 대목은 처음 국민보고대회라는 이름 아래 정치선언을 선포하면서 다짐했던 말(言)의 약속이 지켜지지 않은 점이다. 윤석열은 "열 가지 중 아홉 가지 생각이 달라도 한가지 정권교체라는 목표로 나라를 정상화시키고 국민이 진짜 주인인 나라를 만들어야 한다는 생각을 같이 하는 모든 사람들이 힘을 합쳐야 한다."고 피력했다.

그러면서 윤은 다짐했다.

"생각이 다른 사람들이 함께 힘을 모을 때 우리는 더 강해진다."고 하면서 그래야 이길 수 있고 빼앗긴 국민의 주권을 되찾아 올 수 있다고 다짐했다. 그런데 지금 대통령 후보가 되어 선거캠프를 이끌어 가는 모습을 보면 의견들이 달라서 끝도 없이 분열된 모습을 거의 매일 보여주고 있다.

이재명 vs 윤석열

이재명과 윤석열 필체 분석

　이 파트는 재미로 읽는 대목이지만 필체는 분명히 사람의 성격을 반영하고 있다는 점에서 가볍게 대해서도 안 될 것이다. 글쓴이의 필체를 보면 누구나 글씨를 통해 그 사람에 대한 선입견을 가지게 된다.

　또박또박 글을 쓴 이와 흘림체로 기러기 날아가듯 쓰는 사람에 대해 읽는 이가 똑같은 느낌을 받지는 않을 것이다. 필자의 생각에는 글을 읽기 전에 벌써 글쓴이에 대한 선입견이 생기지 않을지 모르겠다.

　글씨를 통해서 자신의 모습을 들여다 보는 사람도 있다고 한다. 미국의 필적학자인 캐시 맥나잇(Kathi Mcknight)은 주변의 많은 사람의 필체를 분석하여 이를 토대로 5천여 가지의 성격특성을 파악했다고 한다. 그는 필기 습관에 따라 여섯 가지의 성격유형을 제시하고 있다.

　첫째, 글씨의 크기를 통한 분석이다.

글씨를 크게 쓰는 사람도 있고 글씨를 아주 작게 쓰는 사람도 있다. 맥나잇에 의하면, 크게 쓰는 사람은 일보다 인간 중심적이며, 주위 사람들에게 인정받고 싶은 욕구를 보인다고 한다. 반면 글씨를 작게 쓰는 사람은 내성적이며 일을 함에 있어서 아주 집중적이라는 분석을 하고 있다.

둘째, 글씨의 기울기를 통한 분석이다.

우리는 학창시절에 한 번쯤 비스듬히 글씨를 써보는 시도를 했던 경험이 있을 것이다. 연애편지를 썼던 세대들은 아마 상대에게 잘 보이려고 눕혀서 예쁘게 보이는 글씨로 편지를 썼던 적이 있지 않을까.

글씨를 기울여 쓰는 사람들은 무엇보다 감성적이라는 분석이다. 이런 감성 속에는 친구나 이웃, 가족에 대한 소중함이 담겨 있다고 맥나잇은 분석하고 있다.

반면에 기울인 글씨체가 아닌 올곧은 글씨체는 감성보다 이성적이며 논리적이면서 실용적인 측면에 가깝다는 것이다. 특히 글씨를 왼편으로 기울여서 쓰는 사람은 혼자서 일하는 것을 좋아하는 타입이라고 하는데 이는 또한 내성적인 성격의 소유자일 가능성 역시 크다고 한다.

이재명 vs 윤석열

셋째, 글씨를 쓰는 강도 즉 세기의 정도에 따른 특성이다.

글씨에 또박또박 힘을 주어서 쓰는 사람은 감정에 충실한 스타일이다. 글씨를 쓰면서 순간적으로 어떤 다짐 같은 것을 둔다고 한다. 반면에 힘을 빼고 쓰는 글 즉, 가볍게 날려서 흘림체처럼 쓰는 사람은 몸도 가벼운 상태를 반영하며 여러 곳을 여행하며 돌아다니는 것을 좋아하는 스타일이라고 한다.

넷째, 글자의 자간 간격 즉 글자의 양 옆 자간 간격으로 분석한다.

분석 중 비교적 쉬운 편인데 촘촘히 쓰는 방식과 널찍이 쓰는 방식을 생각할 수 있다. 촘촘히 쓰는 사람은 결정을 함에 있어서 논리적이며 이성적이다. 이는 일을 처리함에 있어서 아주 신중한 타입이란 것이다. 반면에 양옆 간격을 어느 정도 남기는 글쓰기는 글쓴이의 지성 혹은 직관력 등의 소유자라 할 수 있다.

다섯째, 글자 상하 간격에 의한 분석이다.

위 아래 간격을 두지 않고 빽빽하게 쓰는 사람은 성격이 조급한 편이며 일정이나 시간을 관리하는 측면에서도 약간

취약할 수 있다고 한다. 반면 글자 상하간격을 넉넉히 두는 사람은 자신의 일과 영역, 역할 등을 잘 파악하는 타입이라고 한다.

여섯째, 소문자 알파벳 i자와 t자를 쓰는 습관을 통해 분석해 보는 특성은 예술성, 자존감 등과 관련이 깊다.

i의 위쪽 콤마를 동그랗게 하는 사람은 장난기 혹은 예술적 재능과 관련이 깊다고 한다. t의 경우 위에 얹히는 가로획을 높은 쪽에 긋는 사람은 목표나 자존감이 높고, 가로획을 낮은데 그을수록 불안감이 많다는 것을 암시하는 편이라고 한다.

이는 영어권 사람들을 대상으로 하는 것이지만 영어를 많이 사용하는 현대인 모두에게 해당할 수도 있을 것이다.

이재명 필체

책임감과 타인과의 원만한 관계 중시

앞에서도 밝혔듯이 이 글은 재미 삼아 써보는 글이지만 이 글 속에서 우리의 판단력을 확장할 수 있고 선택의 폭을

이재명 vs 윤석열

넓힐 수가 있다면 매우 유익한 부분이 될 수도 있을 것이다.

　먼저 이재명 후보가 젊은 시절에 썼다는 자기 다짐의 글을 참고로 살펴보도록 하겠다.

이런　소소한　문제로　인하여　나의　생2
는　것은　아직도　나의　공부가　부족하여
있어서의　위치와　직무, 그리고　역사의
하여　확신을　갖지　못하는　것에　연유하는
더욱　열심히　공부하여　신념을　강화시켜
은　것이다. 지금의　이런　작은　유혹에도
유치한　인간이라면　앞으로　공적인　탄압이
주어질때　도대체　어떻게　견뎌　나간단　말
나에게　부여한　직무를　정확히　파악하
무에　대하여　신성한　그리고　확고한
가지기　위하여　나는　조금도　쉼　없이
서가야　하는　것이다.

　앞에서 설명한 바와 같이 필체를 살펴볼 때는 먼저 행간과 자간부터 살펴보는 것이 적절한 순서다. 자간의 사이는 넉넉한 데가 있어 보이나 글씨를 완성하는 측면에서 보면 간혹 다급한 느낌이 든다. 자간의 간격이 넉넉하다는 것은 공부든 일이든 책임감을 갖고 해내려는 성향의 소유자일 가능성이 크다. 글의 내용을 떠나 행간의 간격을 고르게 작성하고 있는 것을 볼 때 자신과 타인과의 사회적 관계를 원

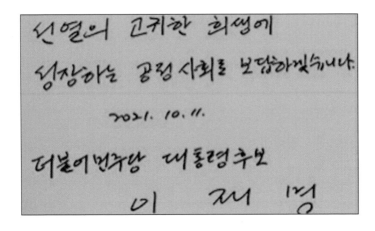

만히 하려는 성격으로 보인다.

글씨의 크기를 조화롭게 배치하고 있다.

이는 자신과 관련한 조직사회에서 조화를 이루기 바라는 의지의 표현이 반영되어 있다고 볼 수 있다. 일정이 바쁜 중에도 또박또박 쓰는 느낌을 주고 있는 것은 사람들에 대해 자신의 존재감을 확실히 심어주고 싶은 다짐이나 결기 같은 것을 보여주려는 태도를 엿보게 한다.

필체를 연구하는 사람들에 의하면 필체는 마치 사람의 지문처럼 글쓴 사람의 특성을 반영하고 있다고 한다. 그런 측면에서 보면, 이재명 후보는 젊었을 때보다 최근에 보여주고 있는 필체가 훨씬 안정되어 보이며 신념이나 자신감 같은 것이 돋보이고 있다고 재미 삼아 분석해 볼 수 있다.

이재명 vs 윤석열

윤석열 필체

    윤석열 후보의 필체를 보면, 무엇보다 그의 글씨가 공식적으로 노출된 것이 없어 부득불 이재명 후보에 비해 간략하게 기술하고자 한다. 두 후보를 객관적인 입장에서 살펴보는 책이기에 어떤 다른 감정이 개입하지 않고 있음을 밝혀두고 싶다.

조국에 헌신하신 선열의

뜻을 받들어 국민과 함께

바른 검찰을 만들겠습니다

2020. 1. 2.

검찰총장 윤석열

    윤석열 후보의 이런 글씨체는 가식이 없고 솔직담백한 성격을 반영하고 있어 보인다. 우선 글자 하나씩 자체를 살펴보면 곧게 뻗어내린 선들이 거침이 없는 데다가 크게 쓴 글씨는 인간적인 모습을 보이며 자신에 대해 인정받고 싶다는 마음이 강하다.

정보화 기반과 인권의 가치로
대한민국의 새 지평선을 여신
김대중 대통령님의 성찰과
가르침을 깊이 새기겠습니다.
2021. 6. 11.
윤석열

또박또박 눌러쓴 이면에는 이 글씨를 쓸 때의 마음가짐을 반영하고 있는데 글자의 의미대로 반드시 자신의 뜻을 관철하리라는 의식이 강했을 것으로 보인다.

이 글씨체를 보고 어떤 분석가는 금전이 밖으로 센다는 분석을 내놓고 있는데, 이는 후보의 성격이 남에게 베풀기 좋아하고 주변 사람들과의 관계가 좋아 그럴 수밖에 없다는 것을 반영하고 있는 분석이라 보여진다.

이재명, 윤석열 두 후보 모두 대통령의 자질이 있음을 보여주는 글씨체라고 말할 수 있다. 두 사람이 여기까지 올라와서 정당하게 경쟁하고 있다는 것은 당연히 글씨체에서도 그럴만한 자질과 능력이 있음을 보여줄 것이라 사료된다.

　다만 이런 필적 하나로 그 사람의 모든 것을 판단하려는 태도는 어리석을 뿐만 아니라 위험한 방법이다. 필자가 여기에 이렇게 제시하는 것은 다만 참고 삼아 해보는 것이며, 이것이 책을 읽는 독자에게 좋은 방향으로 작용해 주기를 바라는 마음으로 써본 것일 뿐 다른 생각은 없다.

대선 후보 지지율 추이

지지율을 알아보기 위한 리서치는 갈수록 과학화 되고 정교화, 세밀화 되고 있다. 우선 과학적인 리서치를 함에 있어서는 체계적이고 논리적이어야 한다. 특히 선거에 관한 리서치는 가설 항목을 어떻게 설정하느냐에 따라서 다른 결과가 나타날 수 있기 때문에 질문 항목의 설정을 최적화 시켜야 하는 것이다.

질문을 하는 방식 즉 방문조사냐, 유선전화냐, 무선전화냐의 차이에 따라서도 다른 결과가 나타날 수 있다.

질문자의 주체가 누구냐에 따라서도 달리 나타나며 똑같은 방식이지만 그 대상자가 누구냐에 따라서도 다르게 나타나는 것이다. 따라서 과학적 리서치가 되기 위해서는 조사의 변화를 유발할 수 있는 변수들과 구체적인 조사환경을 만들어야 한다. 제3의 조사기관이 똑같은 방식으로 실시한 조사에서도 같은 조사 값이 나와야 제대로 된 리서치라 할 수 있는 것이다.

이재명 vs 윤석열

시작은 윤석열 강세

이재명 후보는 여권 1위 대선 주자로서 2021년 7월 1일, '새로운 대한민국, 이재명은 합니다'라는 슬로건을 내걸면서 대선 출마를 선언했다. 2017년 더불어민주당 대선 경선에서 문재인 대통령에게 고배를 마신 지 4년여 만이며, 명실공히 두 번째 대통령에 도전하는 셈이다.

그는 출사표에서 억강부약(抑强扶弱)의 정치를 하겠다고 소신을 밝혔는데 강한 자를 누르고 약한 자를 돕는다는 의미를 담아냄으로써 대한민국 국민이 모두 잘사는 세상이 되어야 함을 강조했다고 볼 수 있다.

윤석열은 자신을 검찰총장에 임명한 문재인 정부에 맞서 검찰 수장의 강렬한 이미지를 내세워 일찌감치 차기 대선 후보로 정치권의 입에 올랐다. 국정감사 자리에서도 윤석열의 대권 도전에 대해 고성을 높이면서 국민의 눈에 도장을 찍었다. 그의 대선 출마는 기정사실화되었고, 국민의 열망에 보답하려는 듯 2021년 6월 29일 윤봉길 의사 기념관에서 '공정과 상식'을 슬로건으로 내세우며 출마 선언을 하였다. 이로써 출마 선언 이전부터 계속 대비되어왔던 여당의 이재명 후보와의 사이에 양강 구도가 만들어진 것이다.

중반은 이재명 강세

  사람을 뽑는 선거의 지지율은 살아있는 생명체와 같다. 끊임없이 변화하고 있기 때문이다. 상승과 하강을 반복하며 민의(民意)를 반영하면서 끊임없는 물결처럼 흘러간다. 두 사람의 양강구도는 지난 1년여 동안 단단한 벽을 형성하며 박빙의 차이 속에 흘러왔다. 누가 절대적인 우세를 보이지도 누가 절대적인 열세를 보이지도 않았다. 오차범위 안에서 우열을 거의 가늠하기 어려울 정도로 평행선을 보이며 달려온 셈이다.

  하지만 지지율이란 살아있는 생명체이듯이 해를 넘기면서 변하기 시작했다. 물론 탄탄한 지지율을 유지하기 위해서는 그 지지율을 이끌고 가는 정책, 전략, 변화의 운동이 전제되어야 한다.

  그럼에도 2022년 1월 10일 현재 지난 1년여의 양당구도 체제에 변화가 나타나기 시작했다. 이재명, 윤석열이 주도해서 달리는데 국민의당 안철수 후보가 줄기차게 달려와

이재명 vs 윤석열

서 두 후보를 위협하고 나선 것이다.

안철수 가세로 혼전

이런 양상의 변화는 철저히 양당 구도를 유지하던 이재명, 윤석열 후보의 문제점에서 불거졌다. 이재명 후보의 경우 뜻하지 않던 대장동 사태가 등장한 데다가 아들의 도박 문제가 수면 위로 떠올랐다. 약속이나 한 듯 윤석열 후보의 경우 부인 김건희의 학력, 경력 문제가 불거졌고, 장모의 건설 관련 불법 문제가 등장한 것이다. 거기다가 윤석열 후보의 경우 선거 캠프 구성 문제로 난항을 보였고, 급기야 지도부 총사퇴라는 사태까지 벌어졌다.

이런 불협화음의 모습들을 국민은 그냥 흘려보지 않는다. 이런 점들을 통해 후보의 화합, 통솔력, 리더십 등을 가늠하는 것이다. 이런 모습은 윤석열 후보의 지지율 하락으로 곧장 나타나게 되었다.

윤석열 후보의 하락한 지지율은 안철수 후보에게 이동하는 양상을 보이고 있다. 안철수 후보가 넘기 어렵다는 마의

지지율 10%를 넘어서더니 이제 15%에 육박하고 있다. 이
재명이나 윤석열이나 어느 쪽도 신경이 거슬리는 입장이 되
어버렸다.

윤석열의 경우 안철수 후보와 단일화 얘기가 당장 불거졌
고, 단일화 하였을 경우 안철수에 밀리는 것으로 예측되고
있다. 또한 이재명 후보 역시 안철수로 단일화하였을 경우
10% 이상 밀리는 것으로 나타나고 있는 실정이다.

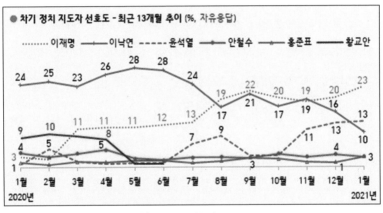

〈대선후보 지지율 변화〉(한국갤럽 참조)

이 그래프는 2020년 1월부터 2021년 1월까지의 후보 선
호도를 보여주고 있다. 이 지지율 그래프를 통해 알 수 있는
것은 윤석열, 이재명의 상승과 이낙연의 하락이다. 독주하던

이낙연 후보가 하락하고 이재명 후보가 완강하게 상승하고 있는 모양새다. 윤석열 후보 역시 1%에서 시작하여 13%까지 상승하고 있는 모습을 보여주고 있다. 이낙연의 하락 아킬레스건은 박근혜 전 대통령 사면 발언과 총리 시절 코로나 재확산의 영향이 컸다.

반면에 이재명 후보는 국민재난지원금 지급 문제를 선점하면서 지지율 상승으로 이어졌다. 코로나19로 인한 신천지 문제가 발생했을 때 경기도지사의 직책을 활용하여 과감히 수습하는 것을 보고 국민의 마음이 이재명에게 쏠리기 시작했다.

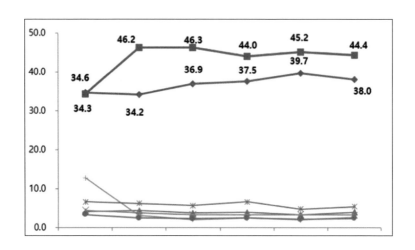

이 그래프는 지난 10월 4 주차에서 12월 3 주차 사이의 후보 지지율 추이를 보여주고 있다. '리얼미터 출처'의 이 그래프는 빨간색 그래프의 윤석열이 지난 몇 개월 동안 꾸준한 우세를 보이다가 초록색 그래프의 이재명 후보에게 잡아먹히는 직전의 상황을 보여주고 있다.

12월 4 주차 이후 교합점을 보이더니 이내 12월 5 주차에 역전이 되는 것이다. 12월 5 주차의 경우에도 물론 오차의 범위 안에서 경합을 하지만 이재명이 40.9%로 39.2%의 윤석열을 잡아먹는 형국을 보여주었다.

골든크로스가 벌어진 이유를 따져보지 않을 수가 없다.

이재명 후보의 악재였던 가족 간의 욕설 사건은 국민의 관심을 크게 끌지 못했다. 이미 이재명의 경우 형과 형수의 문제는 일찌감치 오픈 되어 있는 상태였고, 대장동 사건은 국민의힘 의원들이 연루 되면서 이재명에게 악재가 되지 않은 듯하다.

반면에 윤석열의 경우 부인 김건희의 연이은 학력, 경력 위조문제에 휘말려 조국 법무부 장관처럼 프레임이 씌어져 지지율 하락을 이끌었다. 거기다가 아직 정치에 미숙한 윤석열 후보는 중요한 순간에 말실수를 했다. 일일(一日) 일망언(一妄言)이란 불편한 모습을 보는 국민의 심정은 편하지 않았을 것이다.

언제까지 정치 초보라는 변명으로 일관할 수는 없는 노릇이었다. 정치 초보자에게 나라를 맡기는 것은 사고를 자주 유발한 초보 운전자에게 운전을 맡기는 것과 다르지 않은 것이었다. 2021년 11월 첫 주 벌어진 12% 이상의 지지율을 불과 1주 만에 모두 까먹은 것이다.

윤석열 후보의 지지율 추락

윤석열 후보의 지지율 추락은 비단 부인의 문제에서만 비롯된 것은 아니다. 어떤 원인이 작용했는지 완벽히 밝혀낼 수는 없지만 12월 중순 이후 선거캠프 인사 영입과정에서 비롯된 측면도 무시할 수가 없을 것이다. 윤석열 후보의 추락한 지지율은 거의 모두 안철수 후보가 블랙홀처럼 빨아들이는 것을 알 수 있다.

안철수 후보의 지지율은 심상찮을 정도로 가파르게 상승했다. 두 자릿수 지지율을 보이면 마치 중력처럼 지지율의 상승세로 이어질 수 있기 때문에 이재명이나 윤석열 후보의 마음은 편하지 않을 것이다. 2022년 1월 들어 안철수 국민의당 후보는 어떤 후보보다 선전하고 있는 모습을 보여주고 있다.

두 자릿수 지지율 확보에 이어 윤석열과의 양자 대결에서도 우위를 보여주고 있다. 양자 대결로 단일화한 이후의 이재명 후보와의 대결에서도 윤석열로 단일화되었을 때보다 훨씬 좋은 성적을 보여주고 있다.

이재명 vs 윤석열

한국사회여론연구소(KSOI)가 1월 7~8일 실시한 20대 대통령 후보 지지율 조사에서 안철수는 15.1%를 기록했다. 이재명 후보(37.6%)와 윤석열 후보(35.2%)의 지지율에는 많이 못 미치지만 두 자릿수를 훌쩍 넘어섰다는 데 눈여겨볼 필요가 있다.

안철수 후보를 무시하는 사람들은 역시 잠시 바람 같은 것에 지나지 않는다고 여기겠지만 이번에는 정말 무시무시한 태풍이 될 것인가의 여부는 아무도 예측할 수가 없는 것이다. 더군다나 야권단일화를 했을 경우 윤석열 후보보다 훨씬 독보적인 성적이 나왔기 때문에 누구도 단언할 수 없는 상황에 직면해 있다고 볼 수 있다.

MBC라디오 김종배의 시선집중이 코리아리서치에 의뢰해 실시한 전국 만18세 이상 유권자 1003명을 대상으로 양자 가상 대결 지지율 조사 결과에 따르면, 이재명(38.2%), 안철수(43.5%)를 얻으면서 안 후보가 승리한 것으로 나타나고 있다. 반면 이재명 후보와 윤석열 후보는 오차의 범위 내에서 윤석열 후보가 승리하는 것으로 나타나고 있다.

아직 윤석열, 안철수의 단일화에 대해 속단하기는 이르다.

안철수 후보가 몇 번의 도전에도 불구하고 유권자 유입 측면에서 한 번도 뚜렷한 반전을 보여주지 못했고 결국 철수하는 것으로 막을 내렸잖은가. 최근에는 서울시장 후보에 있어서 찾아온 기회를 놓치지 않았던가. 이런 모습을 보았던 사람들은 역시 이번에도 그저 잠깐 불고 지나갈 안풍에 지나지 않을 것이라고 말을 한다.

선거는 마지막 웃는 자가 최종 승리자인 것이다.

그래서 아직은 누가 웃을지 아무도 모른다. 하지만 대세를 좌지우지할만한 안풍(安風)이 정말 거침없이 불어준다면 앞으로 남은 50여 일 대선 기간은 정말 뜨거운 경쟁의 장이 될 것이다.

이재명 상승, 윤석열 하락, 안철수 약진, 2022년 1월 10일 현재의 대통령 선거 후보들의 풍향계는 바로 이런 모습이다. 그런데 지금부터 주시할 대목이 따로 있다. 지금까지 어떤 후보도 정책과 비전을 통해 지지율 상승을 이끌지 않았다는 점이다.

그 말인즉, 자신의 노력으로 지지율을 끌어올린 것이 아니었다. 상대 후보로 인한 반사이익에 의한 지지율 상승을 맛보았다는 점에서 이런 거품의 지지율은 언제든지 무너질

이재명 vs 윤석열

수가 있다는 점을 간과해선 안 된다.

정책 대결을 통해 과연 어떤 후보가 대한민국을 이끌어갈 적임자인지를 판단해야 한다. 토론을 통해 맘껏 후보 자신의 철학과 소신을 보여줄 필요가 있다. 차별화된 정책과 비전으로 국민을 설득하고 공감을 이끌어야 한다. 우리 사회에 만연해 있는 문제점들이 얼마나 많은가. 세대 간의 문제, 계층 간의 문제, 지역 간의 문제 등 유권자들은 아마 후보의 정책과 비전에 귀를 기울여줄 준비가 되어 있을 것이다.

어떤 후보가 현재 우리 사회의 문제, 모순, 불법, 비리 등을 정확히 인식하여 대비책을 만들어낼 수 있는 사람인지 현재의 유권자들은 결코 눈이 어둡지도 귀가 어둡지도 않은 것이다.

안철수 후보의 급부상

안철수 후보는 아주 독특한 이력을 통해 국민의 선택을 받은 정치인이다. 1962년생인 안철수는 경남 밀양군 밀양읍 출신이다. 순흥 안씨 손으로 국민의당 대표를 맡고 있으며, 제20대 대통령 후보로 선출되었다.

안철수는 어릴 적에 부산으로 이사, 부산에서 초, 중, 고등학교를 졸업했다. 그는 서울대 의대를 졸업, 석사, 박사를 마쳤으며, 의학부 재학 중에 학생회에서 의료봉사를 하던 중에 1년 후배인 아내 김미경(현, 서울대 의대 교수)를 만나게 되었다.

안철수 후보는 1991년 V3라는 컴퓨터 안티 바이러스 SW를 개발한 인물이다. 안철수 연구소를 설립하여 성공한 벤처기업가로 인정받고 있으며, 슬하에 외동딸 안설희(1989년생)가 있다. 안설희는 펜실베니아대학교에서 수학 및 화학 전공, 스탠포드대에서 화학 박사학위를 취득한 것으로 알려져 있다.

안철수 후보는 방송인 김제동과 함께 '청춘 콘서트'를 진행하면서 많은 사람으로부터 지지를 얻었다. 이러한 지지를 바탕으로 2012년 9월 정치권에 입문하였으며 몇 번의 도전 끝에 무소속으로 노원구 병 지역구에서 당선을 시작으로, 2016년 노원구 병에서 국민의당 후보로 나서 제20대 국회의원에 당선되었다.

이재명 vs 윤석열

청춘콘서트를 진행하는 안철수

　안철수는 2011년 처음 국민적 지지를 받을 때, 박원순 서울시장에게 시장 후보를 양보하였고, 이후 제19대 대통령 선거에서 국민의당 후보로 나와 3위를 기록했다. 2018년 제7회 전국동시지방선거 바른미래당 서울시장 후보로 나와 3위에 머물렀고, 지난 2021년 재보궐선거 시도지사에서는 오세훈 서울시장과 경합하였으니 결국 고배를 마셨다.

　상승세를 탄 안철수 후보가 대선에서까지 승리하리라는 기대를 크게 거는 사람은 많지 않다. 최근에 일어나고 있는 지지율 반등은 상황을 어느 정도 지켜봐야 보다 더 정확한 예측이 가능할 것으로 보인다.

안철수 지지율 예상

안철수의 지지율이 심상치는 않지만 15%가 변곡점이 될 가능성이 높다는 의견들이 우세한 입장이다. 안철수 후보는 본인의 지지율은 낮지만 후보 적합도 측면에서 우위에 있기 때문에 잠재적인 가능성을 지닌다는 시각도 무시할 수는 없을 것이다.

안철수의 지지율이 15% 상에서 크게 변동이 없을 시에는 다자대결의 가능성이 높다. 윤석열과 이재명 후보가 판을 주도하고 안철수와 심상정 후보가 뒤를 따라가는 형국이 될 것이다. 15%는 단일화의 포인트가 되지 못한다는 점에서 4파전의 가능성이 크다고 볼 수 있다. 또한 지지율 15%라면 선거비용을 전액 보전받을 수가 있는 지지율이기 때문에 안철수로서는 완주할 자신감이 넘칠 수도 있다. 만약 이런 지지율에서 안과 윤이 단일화를 할 경우에는 윤석열 후보로 단일화될 가능성이 높을 수밖에 없을 것이다.

대통령 후보 등록일은 늦어도 2월 15일 경으로 알고 있는데 구정을 생각한다면 시간적인 여유가 없다고 보는 것이 맞다. 윤석열 후보가 열심히 선거캠프를 점검하고 정책과

이재명 vs 윤석열

비전을 제시함으로써 지지율을 끌어올리지 못하면 안 후보에게 뜻밖의 일격을 당할 수도 있다. 대개 후보 등록 이후에 단일화가 진행되면 효과 측면에서 미미(微微)하기 때문에 등록 이전에 단일화의 노림수를 안철수로서는 노릴 것이라고 본다.

그럼에도 가능성을 낮게 보는 것은 안철수 후보가 윤석열 지지자들을 어떻게 끌어들일 수 있는지가 불명확한 탓이다. 안철수의 지지율 상승이 중도층을 상당히 끌어들인 결과물이라 하더라도 윤석열 지지층으로부터 어느 정도 흡수하지 않으면 어려운 실정이기 때문에 안철수 스스로 지지율을 올릴 수 있는 전략이 필요한 것이다. 안철수 후보는 정당을 기반으로 하는 지지율이 낮다는 것이 불안 요소로 작용한다.

새정치 공동선언 이후 활짝 웃는 안철수와 문재인(2012)

　안철수 후보가 중도, 보수의 지지를 받지 못한다면 15%
이상의 지지율 상승은 어려울 것이다. 이는 정말 쉽지 않은
구도인데 국민의당의 약점이 바로 중도, 보수의 지지율이
낮다는 점이다. 현재 거의 무주공산처럼 되어 있는 중도층
을 어떻게 끌어들일 수 있는 것이 안철수로서는 최대의 관
건이라 할 수 있을 것이다.

　따라서 이들을 흡입할 수 있는 강력한 비전, 정책으로 승
부수를 던져야 한다. 그런데 염려스러운 점은 안철수 후보
가 지난 십여 년 동안 새 정치를 피력하면서 유권자에게 한
번도 강력한 어필을 하지 못했다는 점이다. 지난 10여 년

동안에도 특별한 이슈를 만들어내지 못했는데 짧은 시간에 지지율이 좀 올랐다고 그게 가능할지는 정말 의문이 아닐 수가 없다.

중도파 표심이 좌우

2022년 1월 첫째 주에 두 후보 모두 지지율의 정체 상태에 있다. 이재명 후보는 이미 박스권에 갇혀 있는 상태가 오래 되었고, 윤석열 후보 역시 답보 상태에 있다는 점이다. 윤석열의 경우 오히려 지지율의 추락으로 이어지는 위험한 상태가 지속되고 있는 실정이다. ㈜리얼미터의 조사에 의하면, 1월 1주 이재명과 윤석열의 지지율 추이는 다음과 같다.

이재명, 윤석열의 지지율 추이(2022. 1월 1주, ㈜ 리얼미터)

	진보	중도	보수
이재명	69.7%	40.1%	15.2%
윤석열	10.8%	33.4%	58%

이재명 후보의 경우 중도에서 윤석열을 앞서고 있지만 박

스권을 탈출하지 못하고 있다. 이재명 후보나 윤석열 후보나 진보, 중도, 보수층에서 모두 지지율이 약간씩 빠진 것으로 나타났으며, 이렇게 빠진 지지율이 안철수 후보에게 옮겨가는 모양새를 하고 있는 것으로 나타났다.

지지율이란 것이 앞에서도 밝혔듯이 생물과 같다. 언제 어떻게 급변할지 아무도 모르기 때문이다. 지지율이란 자신에게 유리한 자양분을 먹고 성장과 후퇴를 거듭한다. 식물을 키워보면 자기한테 좋은 자양분을 받으면 쑥쑥 성장하고 나쁜 자양분을 받으면 자라면서 시들해지는 것을 알 수 있다.

지금부터는 한마디의 실수도 치명적일 수가 있다.
불과 50여 일밖에 남지 않은 선거전은 전쟁터에서 총알 한 방으로 쓰러질 수 있는 것과 같다. 표를 얻으려는 것은 당연한 이치지만 너무 표를 의식한 나머지 지나친 소모전을 치르는 것은 지지율에 도움이 되지 않는다. 후보 모두에게 필요한 것이 바로 정책과 비전이다. 지금부터는 누가 어떤 정책과 비전을 제시하는가의 문제가 선거판을 좌우한다.

이재명 vs 윤석열

젠더의 상징이 되어버린 여성가족부

20, 30 세대는 어디로

후보들은 특히 세대 간의 갈등을 조장하는 발언을 해서
도 안 되며 그런 정책을 펼쳐서도 안 된다. 이른바 젠더 논
쟁이 그것이다. 느닷없이 여성가족부를 해체하겠다며 예전
과 다른 기조를 보인다거나 이대남(20대의 남자)을 잡겠다고
선심성 공약 이를테면 병사의 월급을 200만 원으로 올린다
는 방식은 해당 당사자들의 표를 얻을 수 있을지 몰라도 오
히려 역효과를 불러올 수 있는 악재로 작용할 수가 있다.

탈모나 가발을 건강보험에 적용한다는 등은 듣기 좋은 애

기일 수도 있지만 단순히 국민적 합의도 없이 시행할 수 있
는 성질은 아닌 것이다. 이처럼 생활 속에서 접근하는 방식
역시 대선이란 커다란 선거판에서 부족한 면이 있다. 국민
은 더욱 큰 그림을 원하고 더 큰 그림을 보고 싶어 하는 것
이다.

마트에서 시장을 보는 윤석열

　동네 마트에 가서 장난스레 멸공 논쟁을 불러일으키는 것
도 하등 선거에 도움이 되지 않는다. 진지하게 경쟁할 필요
가 있는 시점이다. 표가 아무리 급하다고 표를 끌어오는 전
략을 찾아 공략하기로 들면 이는 대한민국이란 선진국에 알
맞은 선거가 아니라 1970~1980년대의 후진국 선거판으
로 전락하는 길이다.

이재명 vs 윤석열

소환행 같은 문제도 취지는 좋으나 지금은 굵은 선을 가지고 국민적 단합과 지지를 끌어내야 한다. '심쿵' 약속 같은 우스개 소리는 심장을 쿵하게 하는 것은 맞지만 어떤 면에서 표를 갉아먹는 행위가 될 수 있다. 생활 밀착형 공약 대결보다는 정확한 이슈나 가치관의 문제를 가지고 접근할 수 있는 큰 정책과 비전을 제시할 수 있어야 한다.

이재명 어록

  썩어 빠진 공직자들이 나랏돈 훔치고 국민을 지배하는 나라… 언젠가 한 번은 꼭 대청소해야 합니다.

  국민이 낸 세금 열심히 아껴서
  다시 돌려주는 게 왜 공짭니까?
  필요한 건 권력이 아니라 도구입니다.
  –왜 대통령이 되고 싶은지 물으십니다. 정치권력 그
  자체는 목표가 아닙니다. 권력은 수단이자 도구죠. 제

가 가진 꿈과 이상을 실현하는 도구 중에서 조금 더 나은 도구를 구하는 과정입니다.

성남시장이라는 작은 도구로 성과를 냈고, 경기도지사라는 조금 더 큰 도구로 인정을 받았습니다. 대한민국 최고 권력이라는 도구를 국민께서 주신다면 기득권의 저항을 극복하고 더 많은 일을, 훨씬 더 효율적으로 해낼 자신이 있습니다.
(11. 17 '서울권 대학언론연합회 간담회')

정책에 좌우 없고 인재 등용에 네 편 내 편 없습니다.
-국민의 삶만 개선할 수 있다면 어느 쪽 사람을 쓰느냐는 중요하지 않습니다. 실력 중심 실용 내각, 꼭 해 보고 싶습니다.(12. 28 한국지역언론인클럽 초청 토론회)

다툼이 싫다? 정치 안 하겠다는 말이죠.
-정치의 본질은 이해관계 조정입니다. 서로 다른 입장을 조정하려면 설득하고 토론하고 타협해야 합니다.(12. 25 연합뉴스TV '마크맨들의 수다' 인터뷰)

쓴소리야말로 실패를 최소화하는 방법입니다
-반대의 의견을 잘 말할 수 있는 환경을 만들어 비판적 입장이 개진될 수 있게 하는 것이 리더의 가장 중요한 자질입니다.(12. 22 SBS '주영진의 뉴스브리핑' 인터뷰)

약속보다 실천이 먼저입니다

-체감해야 신뢰할 수 있습니다. 해야 될 일이고, 약속한 것이고, 바람직한 일이라면 작은 문제라도 제대로 실천하여 국민 앞에 보여드려야 합니다.(11. 23 'YTN 뉴스Q' 인터뷰)

이재명이 아니라 이재명을 만든 여러분을 믿어주십시오

-정치인을 믿지 마십시오. 이재명도 믿지 마십시오. 잘못하면 언제든 소환하고 지적하고 고칠 수 있는 국민의 도구일 뿐입니다.(12. 03 '전주 한옥마을 연설')

호남은 민주당의 죽비이자 회초리입니다

-'호남 없이 민주당 없다'는 말은 호남이 민주당의 텃밭이라는 뜻이 아닙니다. 죽비와 같은 호남의 호통, 회초리와 같은 호남의 깨우침이 민주당을 가장 민주당답게, 개혁의 길로 이끈다는 뜻입니다.(11. 28 '광주 선대위 출범식')

진짜 불안한 리더는 철학 없는 리더입니다

-저에 대한 오해가 있습니다. '너무 불안하다' 하지만 진짜 불안한 리더는 철학도 가치가 없이 흔들리는 리더입니다.(11. 10 '관훈클럽 토론회')

세상엔 흑과 백만 있는 게 아니다

－세상엔 흑과 백만 있는 게 아닙니다. 회색도 빨간색도 파란색도 있습니다. '정권재창출이냐, 정권교체냐' 양자택일의 질문에 나타나지 않는 여러 가지 욕구가 '정권교체'라는 말에 섞여 있습니다. 부족한 것은 채우고 잘못된 깃은 과감히 고치고 필요한 것은 더해서 더 유능한 정부가 될 것이라는 점 끊임없이 국민께 설명하고 이해를 구하겠습니다.(11. 10 '관훈클럽토론회')

정치적 차이와 정책적 차이는 다릅니다

－이재명 정부는 문재인 정부와 다릅니다. 민주당이라는 같은 뿌리에서 나왔기에 민주적이고, 개혁을 지향한다는 점은 같지만 구체적인 정책은 다를 수 있습니다. 한번 정하면 바꾸지 않는다는 원칙도 중요하지만 정책의 궁극적인 목표는 국민의 삶을 개선하는 것 아니겠습니까?
전임 정부를 정치적으로 공격하는 차별화가 아니라 국민의 요구에 따른 진취적 변화, 그것이 이재명 정부가 가야 할 길입니다.(12. 16 '인터넷 언론사 합동 인터뷰')

윤석열 어록

지시 자체가 위법한데 그것을 어떻게 따릅니까? 그럼 이의 제기해서 안 받아들여지면 그러면 그걸 따라야 된다는 겁니까?(13. 국정감사)

조직을 대단히 사랑하고 사람에 충성하지 않습니다.

－저는 사람에게 충성하지 않기 때문에 이런 말씀을 드리는 것입니다. 검사가 수사권 가지고 보복하면 그게 깡패지 검사입니까?

이번 수사는 법원을 죽이려는 수사가 아니다. 법원을 살리기 위한 수사다. 법원이 무너지면 검찰도 무너진다. 국민으로부터 부여받은 권한을 오로지 법에 따라 국민을 위해서만 행사하겠습니다. 지금까지 해왔듯이 앞으로도 제가 어느 위치에 있던지 자유민주주의와 국민을 보호하는데 온힘을 다하겠습니다.(19. 7 '검찰총장 인사청문회')

저희 검찰은 국민과 함께하는 검찰이 되고자 노력하겠습니다. 국민으로부터 부여받은 권한을 오로지 법에 따라 국민을 위해서만 행사하겠습니다.(20. 1 '신년인사')

흔들어도 몸무게가 100kg이라 안 흔들립니다.(20. 여권의 윤석열 흔들기에 대응하며)

그것도 선택적 의심 아니십니까? 과거에는 안 그러셨잖습니까? (20. 국정감사중, '윤석열 정의는 선택적 정의'라는 박범계 의원의 비판에 날 선 역공)

국가와 검찰 조직이 여러분의 지위와 장래를 어떻게 보장해 줄 것인지 묻지 말고, 여러분이 국민과 국가를 위해 어떻게 일할 것인지 끊임없이 자문하기 바랍니다.(20. 8. 3 '신임검

사 신고식')

중대범죄수사청 설치 추진에 대해 "수사권 완전한 박탈은 민주주의 퇴보이자 헌법정신의 파괴입니다."(3. 2 '언론 인터뷰')

"정의·상식 붕괴를 더는 볼 수 없습니다."(3. 4 문재인 대통령에게 사의 표명하며)

열가지 중 아홉가지 생각은 달라도 한가지 생각, 정권교체에 생각을 같이하는 모든 사람이 힘을 합쳐야 합니다.(21. 6. 29 대선 출마 선언 중)

중국이 사드 배치 철회를 주장하려면 자국 국경 인근에 배치한 장거리 레이더 먼저 철수해야 합니다.(21. 7. 14 중앙일보 인터뷰)

현금복지는 정책 목표를 딱 세운 뒤 가장 효과적으로 달성할 수 있도록 지급 대상을 특정해야 합니다. 세금을 걷어서 나눠줄 거면 일반적으로 안 걷는 게 제일 좋습니다.(21. 7. 14 중앙일보 인터뷰, '재난지원금 지급 문제'에 대해서)

정권교체를 위해 제1야당에 입당을 해서 정정당당하게 초기 경선부터 시작하는 것이 도리라 생각해 입당을 결심했습니다.(21. 7. 30 국민의힘 입당 기자 회견)

집이 없어서 (주택청약통장) 만들어보지 못했습니다만…(제

20대 대통령 선거 경선 2차 방송토론회, 유승민 국민의힘 대선후보 질문에)

극빈한 생활을 하고 배운 것이 없는 사람은 자유가 뭔지도 모를 뿐 아니라 자유가 왜 개인에게 필요한지에 대한 필요성 자체를 느끼지 못합니다.
  -"가난하고 못 배우면 자유로운 인간이 될 수 없다는 말인가?"라는 비판에 대한 답변
  "그분들을 무시하는 게 아니라, 그분들을 도와드려야 한다고 한 것이다. 사는 데 끼니 걱정을 해야 하고, 사는 게 힘들면 그런 거(자유)를 느낄 수 없다는 것이다."('윤키즈 온 더 전북' - 전북대생들과 질문과 답변을 주고받는 타운홀 미팅 형식 행사에 참석해서)

"대학 관계자한테 물어보세요. 채용 비리라고 하는데, 겸임교수라는 건 시간강사에요. 시간강사는 공개 채용하는 게 아니에요. (이력서 등) 자료 보고 뽑는 게 아닙니다. 그 현실을 좀 잘 보시라고요"(아내 김건희 씨의 경력에 대해 묻는 질문에)

윤석열 후보는 이재명 후보의 잦은 '말 바꾸기' 행태를 보고, "대통령이 될 사람이 그래서는 안 된다"며 다음과 같이 지적했다.
  "하도 말을 자주 바꾸니 이제 국민은 이재명 후보가 콩으로 메주를 쑨다고 해도 믿지 못할 것입니다."

"최근 들어 이재명 후보의 말 바꾸기가 심각하다. 매일 말이 달라집니다. 너무 쉽게 입장을 바꾸다 보니, 무엇이 이재명 후보의 진짜 입장인지, 나라를 어떻게, 어떤 방향으로 끌고 갈 것인지 도무지 종잡을 수 없습니다."

3장

두 후보의 동물 사랑

이재명

이재명 인스타그램 중에서

'행복이'와의 만남

 더불어민주당 이재명의 반려견에 관한 이야기는 과거 성
남시장 때부터 세간에 알려지기 시작했다. 그가 성남시장에
있을 때, 식용견을 키우는 개 사육장에서 구조된 개를 성남
시청으로 데려오면서 일명 '행복이'로 알려지게 된다.

계기는 몇 년 전 동물보호단체와 동물보호 정책을 논의하다 식용견, 유기견의 실태에 대한 현실에 눈을 뜬 것이다. 죽음을 코앞에 둔 행복이의 사연도 이때 접하게 되어 성남시청으로 데려왔고, 행복이는 이때 신분세탁이 이루어져 '식용견'에서 '공무원견'으로 재탄생하게 된다.

이후 이재명 시장은 경기도지사가 되면서 행복이와 이별을 하게 된다. 이를 두고서 허은아(국민의힘) 의원은 이재명 후보에게 개인 유튜브 채널에 나왔던 '개(犬) 귀여움' 영상을 지적하며, "대선이 되니 다시 '개 홍보'를 시작하나 보다. 이 후보의 계획적 위선은 윤석열 후보의 부주의한 실수인 '개 사과'보다 훨씬 문제가 크다. 저 같은 반려인이 보기엔 가증스러울 뿐이다. 이 후보님, '이행복'은 잘 있는지 궁금하긴 하시냐?"고 물었다.

'이행복'은 이 후보가 경기 성남시장 재임 시절에 유기견 입양으로 홍보했던 '행복이'를 지칭한 것인데, 이 후보가 경기도지사로 취임한 뒤 성남시에 두고 가 반려인들로부터 보여주기식 전형이라 폄하하며 파양 논란을 일으켰다.

그때 이재명은 이렇게 말한다.

"함께하고 싶지만, 행복이는 성남시청 소속이기에 이제 성남시장이 아닌 개인 자격으로 함께한다는 것은 소유권 문제에서도 자유롭지 못하다."

반려견은 사지 말고 입양하자

이후에도 이재명은 기회가 있을 때마다 반려견에 대한 입장과 정책을 발표했다. 대표적인 것이 "반려견은 사지 말고 입양하자"는 운동이다. 또한 문재인 대통령이 관계 부처에 "개 식용 금지를 검토하라"는 지시를 내렸을 때, 그는 자신의 페이스북에 "크게 환영한다. 개는 인간과 정서적 교감을 하는 생명체"라고 찬성했다.

그가 주장하는 것 중에 대표적인 사례가 있다.
"반려동물 복지는 곧 인간에 대한 복지다. 반려동물 복지를 함께 고민하게 된다면 우리 사회는 지금보다 더 따뜻해지고 성숙 될 수 있다."

그는 성남시장 때부터 반려견을 위한 정책으로 음수대 설치, 배변 봉투함 설치, 여주 반려동물 테마파크 개설, 화성

고양이 입양센터 건립 등을 주장한 바 있다.

또한 그는 구호로만 끝나지 않고 경기도지사 재직 시 강아지 생산공장인 무허가 동물 생산업체를 '특별사법경찰단'을 통해 단속했다.

윤석열

토리야, 내 딸 하자.

그는 이미 반려인이다.

일 예로 퇴임하면 2년 동안 변호사로 개업할 수 없기에 강아지 세 마리를 보면서 지낼 거라고 했었다.

그는 인도사과로 유명한 토리를 포함해 무려 7마리의 반

려동물과 함께하고 있다. 유기묘 3, 유기견 2, 입양견 2이
다. 알려진 바에 따르면 인도 사과개 토리도 유기견이라고
한다. 한두 마리가 아니고 5마리의 유기동물을 거두고 있는
것을 보면 반려인이 분명하다.

유기견이었던 토리는 문재인 대통령의 퍼스트 도그와 이
름이 같은데, 진돗개 믹스견이다. 토리가 교통사고로 장애가
생겼을 때, 주변에서는 서로를 위해 안락사를 권했지만, 그
는 포기하지 않고 "토리야, 내 딸 하자."며 끝까지 살렸다.

윤석열 인스타그램

유기묘인 '나비'도 서울역에서 구조된 사진을 보고 입양
을 결정했다. 그는 '멍스타그램'이란 SNS 계정에서 이들과
함께하는 모습을 자주 올리고 있다.

개 식용을 반대한다

그런 그가 국민의힘 대선후보 경선 마지막 TV토론회에서 유승민 전 의원의 '개식용 정책' 질의에 대해 "(개식용을) 개인적으로 반대한다. 그러나 국가 시책으로 하는 건 많은 분의 사회적 합의가 있어야 하지 않나."라고 답했다.

유 전 의원이 이에 "개식용 문제를 개인의 선택에 맡겨서 되겠나. 반려동물 학대와 직결되는 문제"라며 재차 묻자, 그는 "(개식용은) 반려동물 학대가 아니라 식용개는 따로 키우지 않나."라고 답했다.

유 전 의원이 "식용개는 같은 개 아닌가?"라고 반박하자, 그는 "반려동물에 대해서는 사실 우리 가족에 준한다. 대우를 해야한다."고 답했다. 그리고는 이어 "(개식용은) 개인적으로 반대하고 안 된다고 생각한다."고 모순된 답변을 덧붙였다.

그는 이 토론회의 답변으로 애견인들로부터 곤욕을 치른 바 있다. 후에 '개 식용에 반대한다'는 입장을 밝혔다.

이재명 vs 윤석열

애견과 산책하는 윤석열

4장

지도자 수업

유재론(遺才論)

허균(1569~1618)

　조선 광해군 때 사람 허균의 생각이다. 허균의 말년은 좋지 않았지만, 형조판서와 의정부 참찬 벼슬에 오른 사람의 학문적 조예와 깊이에서 까닭 모를 향기 같은 것을 느낀다. 국가적 대사에 직면한 이때 나라를 통치하려는 자들이 유재론을 읽었으면 좋겠다는 생각이다. 허균의 유재론을 읽는다는 것은 무엇을 의미하는가? 허균이 살던 시대처럼 우리가 사는 이때도 시름 많고 어지러운 세상이기는 마찬가지이기 때문이다.

올바른 인재 등용을 촉구

유재론에서는 인재의 올바른 등용을 촉구하고 있다.

임금과 나라를 다스리는 관리는 하늘이 준 직분으로서 재능이 없어서는 안 됨을 강조한다. 그래서 하늘이 사람을 내는 때에 귀한 집 자식과 천한 집 자식을 구별하지 않았다. 어진 임금은 이러한 이치를 알고 인재를 더러 초야(草野)에서도 구하고 오랑캐 가운데서도 뽑았으며 더러 창고지기를 등용하기도 했던 것이다. 허균의 말이다.

우리나라는 예로부터 땅덩이 좁고 인재가 드물어서 걱정거리였다. 조선 시대에는 대대로 명망 있는 집 자손이 아니면 좋을 벼슬자리를 얻지 못했다. 따라서 비록 선비가 재주가 있어도 억울하게 등용되지 못한다. 과거에 합격하지 않으면 높은 지위를 얻지 못하고 비록 덕이 훌륭해도 과거를 거치지 않으면 재상 자리에 오르지 못했다. 하늘이 고르게 내린 재주를 명문의 집과 과거로써 제한하니 인재가 모자람은 당연한 일이다. 허균의 말이다.

유재론에서 또한 말하기를, 조막만 하고 더욱이 양쪽 오랑캐 사이에 끼어 있는 이 나라에서 인재를 제대로 못 쓰게

될 것을 염려해도 제대로 될지 의문인데, 도리어 우리나라에는 인재가 없다, 고 스스로 그 길을 막는 데는 남쪽 나라를 치러 가면서 수레를 북쪽으로 내달리는 것과 하나도 다르지 않다고 비판했다.

여인네가 한낱 원한을 품어도 오뉴월에 서리를 내린다는데 이러한 일로 원망을 품었을 사내와 원한 가득한 어미들과 아내들이 나라의 반을 차지하고도 남았을 터이니 나라의 화평을 도모하기는 정말 어려웠을 것이다. 첩이 낳은 아들의 재주를 쓰지 않고 천한 어미 가진 자손이며 두 번 시집간 자의 자손을 벼슬길에 허락하지 않음은 동서고금의 역사에 듣지 못했을 정도로 서글픈 일이었다.

백성은 곧 하늘이거늘

우리나라와 같은 법을 썼다면, 재상 범중엄(范仲淹)의 공업(功業)도 진관(陳瓘) 같은 곧은 신하도 위청(衛靑) 같은 장수와 왕부(王符)의 문장도 끝내 세상에서 쓰이지 못했을 것이다.

대통령을 뽑아야 하는 절체절명의 시기에 사람들의 말이

하늘을 찌르니 참으로 어지럽다. 허균이 살아나서 사리를 가려줄 리도 만무한데 목소리는 갈려서 높으니 부엉새 그네 타고 이 산 저 산 넘나들며 우는 산골 토가의 힘없는 글쟁이 심사도 복잡하다. 누가 용상에 오를 것인지 어리석은 우리들이 어찌 가늠할 수 있으랴.

백성은 하늘이요 임금은 백성이 낸다는데 임금이 정하고 뽑은 자리를 몇몇 사람의 생각으로 버리려 함은 심히 하늘의 뜻을 거스르는 것이다.

이것은 이미 400여 년 전에 앞을 내다본 한 불행한 문사이며 선비였던 자는 단보(端甫), 호는 교산(蛟山)인 허균의 경고이다.

승패(勝敗)-누가 이기고 누가 지는가

제20대 대통령 선거를 앞두고 많은 논객이 나와 설왕설래 하는 것을 보았다. 레토릭에 능한 자들은 혀를 놀려서, 달필들은 활자의 힘을 빌려서 자신의 존재를 내세우는 모양새다. 정부의 중요한 위치에 오르려는 자들은 벌써부터 대선이 끝난 뒤에 있을 논공행상을 머릿속에 떠올리고 있을지도 모른다.

어느 시대에나 지조 높은 선비가 있고, 권세를 좇는 모리배도 있었으니 굳이 누구를 탓할 생각은 없다. 각설하고 필자가 하고 싶은 얘기를 하나만 하고자 한다.

엄청난 숫자의 월나라 군대

중국 오나라의 손자는 적국인 월나라 군대 수가 많지만 싸움의 승패에는 문제 될 게 없다고 생각했다. 군대 수의 많음이 이기고 지는 것을 결정짓는 것은 아니라고 여겼기 때문이다. 그는 승리의 조건은 사람이 만들어낸다고 보았다.

적의 수가 아무리 많다고 하더라도 싸울 수가 없도록 만

이재명 vs 윤석열

들어버리면 비록 수가 적어도 승리할 수가 있겠다고 생각했다. 손자의 병사들은 병사로서의 최고의 능력을 갖추고 있었기에 가능했던 일이다. 우리도 이런 병사와 같이 이 시대에 반드시 필요한 최고의 능력들을 갖추자는 말이다.

오나라 손자

조직의 리더도 아무나 하는 것이 아니다.

리더가 되려면 먼저 조직의 일에 대한 지식과 그것을 활용할 수 있는 지혜가 있어야 한다. 일을 모르고서 밑에 사람들을 다스릴 수가 없는 법이다. 리더가 되려면 조직원들과 신의를 지켜야 한다. 믿음이 없으면 권위가 사라지기 때문이다. 물속에 잠수해 가리비를 캐는 어부는 산소호흡기의 호스를 가장 믿을 만한 사람한테 맡기고 작업한다고 한다.

상대에 대한 이해와 배려를 할 줄 알아야 리더가 될 수 있다. 자신의 목소리만 내세우면 부러지게 마련이다. 어떤 소년이 울고 있어서 빵을 주고 돈을 주고 밥을 주어도 울었다. 아이는 배가 고파서가 아니라 사랑에 굶주려서 울었던 것이다.

조직의 리더가 되려면 소년한테 필요한 사랑을 읽어내는 안목과 관심이 필요하다. 사랑하고 껴안는 법을 먼저 익히고 이름을 함부로 내려놓지 말아야 한다. 그리고 어려움을 극복할 수 있는 의지와 과감한 결단력이 필요하다. 그런 다음 권위를 지키는 일이다. 그래야만 모름지기 조직의 리더라고 할 수가 있는 법이다.

진정한 리더

훌륭한 참모가 훌륭한 장군도 만든다고 한다.
이윤이란 사람은 세 번이나 신하로서 벼슬에 나갔지만 걸왕은 그의 지혜가 뛰어남에도 크게 등용하지 않았다고 한다. 탕왕은 그를 세 번씩이나 찾아가 도움을 얻고 영상(領相)으로 높이 중용했다. 그래서 결국 탕왕은 이윤의 도움으로 걸왕을 멸망시켰다고 한다.

이재명 vs 윤석열

지혜로운 자를 옆에 두는 일도 성공에 없어서는 안 될 필수적인 요소이다. 나라를 다스리는 일도 이와 똑같은 것이다. 어디에서든 성공할 생각이라면 자신의 존재 가치를 키우는 노력을 기울여야 한다. 참모가 되려면 제대로 참모가 되는 것도 중요한 것이다. 세상은 어떤 면에서 참모나 보좌들이 움직이고 있는지도 모른다.

목은 이색(1328~1396)

일의 핵심에는 항상 참모의 능력과 지혜가 깃들어 있다는 사실을 잊어서는 안 될 것이다. 그리고 우리가 경계할 것은 자신의 위치와 분수를 지키는 일이다. 특히 조직에서의 자기 위치와 분수는 중요한 법이다. 고려 말 3은(隱)의 한 사람인 목은 이색의 아버지 이곡은 하루아침에 남의 말을 빌려 타면서 깨달았던 얘기를 「차마설(借馬說)」에 담고 있다. 세상을 가만히 들여다보면 애초에 자기 것이란 없더라는 것이다.

임금의 권세는 백성이 빌려준 것이며, 신하의 영광은 임금으로부터 빌려온 것이다. 아들은 아비로부터, 지어미는 지아비로부터, 비복(婢僕)은 상전으로부터 힘과 권세를 빌려온 것이라고 한다. 신체도 부모로부터 빌려온 것임을 우리는 잘 알고 있지 않은가.

그런데 사람들은 남의 것을 빌려 사용하면서 마치 자기 것으로 착각하고 산다. 남의 물건도 빌려 쓰다 돌려주지 않고 시간이 흐르면 자기 것으로 착각한다. 이것은 맹자도 지적했던 말이다. 만방(萬邦)의 임금도 백성한테 빌린 것이 돌아가면 외톨이가 된다.

그러니 우리가 빌린 것들이야 돌아가면 허무하기 짝이 없는 것들이다. 우리가 이처럼 그릇된 식견에서 벗어나야 진정한 리더요, 진정한 참모가 되는 법이다. 따라서 자신의 역량을 키우는 한편 모름지기 제자리에서 중심을 잡는 생활 태도가 중요하다.

조선의 뱃사공

뱃사공이 뭍에 있을 때보다 물에 떠있을 때 더 안전하더라는 말도 있다. 뭍에 있으면 중심을 잡기 위한 노력이 필요 없는 대신에 돌부리에 넘어지고 물에 떠있을 때는 항상 중심을 잃지 않으려고 주의를 게을리하지 않기 때문에 오히려 안전하다는 말이다.

지금 우리에게 놓인 현실이 옛날 뱃사공이 처한 현실과 하나도 다르지 않다는 생각이다. 그렇다면 우리는 당장 어떤 선택을 해야 하겠는가.

5장

대통령이
갖추어야 할 자질

20대 대통령에게 바라는
국민의 염원 및 기대

한 나라의 지도자를 뽑는 일은 결코 쉬운 일이 아니다. 5년 대통령 단임제를 취하고 있는 우리로선 한 번의 선택이 5년을 좌우한다. 섣불리 소중한 한 표를 행사해선 안 된다는 반증이다. 우리는 이러한 역사적 순간에 어떤 마음으로 대통령을 뽑을까. 이에 대한 대답이 바로 대통령에게 바라는 우리의 염원과 기대일 것이다.

우리는 선거 때마다 지도자에 대한 기대를 자못 크게 가지게 된다. 후보의 정책 하나하나를 꼬치꼬치 따져서 선택하는 경우가 많다. 그런데 나중에 지나놓고 보면 실상은 어떤 후보가 대통령이 되든 자신의 삶이 크게 달라지지 않는다는 것을 깨닫게 된다.

따라서 대통령 후보에게 바라는 점을 보편적으로 기술할 수밖에 없다. 대통령이 지녀야 하는 보편적인 자질의 문제를 생각하지 않을 수가 없는 이유이다. 우리의 역사를 통틀

이재명 vs 윤석열

어 역대의 지도자 중에서 후손들로부터 가장 존경받는 지도
자는 조선의 4대 임금이던 세종이라고 한다.

 세계 인문사회과학 단체에서도 세종을 세계적인 언어학자
50인의 반열에 올려놓았으니 세종에 대한 국민적 존경심을
의심할 여지가 없다고 할 것이다. 세종의 리더십이 단연 빛
났던 대목을 우리는 여러 분야에서 살펴볼 수가 있었다.

조선4대 세종대왕

 세계 어느 사회에서나 리더의 조건으로 5가지 공통된 요
소를 추구하고 있다.

한 나라 혹은 한 민족의 지도자가 되기 위해서는

첫째, 비전이 있어야 하고

둘째, 장기적 목표를 지녀야 한다.

셋째, 문제해결 능력이 있어야 하고

넷째, 옳은 판단력이 요구되며

다섯째, 지식과 용기를 두루 갖춘 자라야 한다.

우리는 대통령 후보에게 기본적으로 이런 점을 바랄 것이라고 본다.

세종은 이런 자질을 골고루 갖춘 인물이었다. 그런데 세종이 세계적인 지도자 등과 달랐던 점은 바로 '백성을 위한 선(善)'을 지녔다는 점이다. 아무리 똑똑하고 머리가 뛰어나며 명문대학을 나왔다고 해도 선을 지니지 못했다면 지도자의 자격이 없다는 말이다.

대통령이 되려는 자는 당연히 남다른 자질을 요구 받는다. 세종이 특히 남달랐던 점은 신하나 백성들과 소통할 수 있었다는 점이다. 세종은 임금이라 하여 목에 힘을 주지도 않았고, 상대를 최대한 배려했다. 도덕과 윤리적으로 매우 깨끗했으며, 아주 고결한 개인적 성품의 소유자였던 것이다. 지식을 탐구하기를 게을리 하지 않았을 뿐만 아니라 형

이재명 vs 윤석열

제간의 우애 역시 돈독했다고 한다. 실용적이며 매우 진취적인 태도를 취하면서 오직 백성을 중심에 두고 정치를 하였다는 것이다. 또한 수신제가(修身齊家) 이후에 치국평천하(治國平天下)를 한다는 신념을 몸소 실천하려고 부단한 노력을 하였음을 엿볼 수가 있다.

우리는 지금 21세기의 문턱을 넘어 세계의 선도국으로 도약하고 있다. 우주여행을 하는 시대의 막이 올랐는데 케케묵은 조선시대 얘기를 하느냐고 묻는다면 반문할 것이다. 세상이 무서운 속도로 역사를 저만치 앞질러 간다 하더라도 절대 변하지 말아야 하는 것들이 있다. 이는 상식을 넘어 진리인 것이다.

몇 가지만 예를 들어본다면, 하나는 백성이 나라의 근본이란 점이다. 먹는 것이 곧 하늘이란 말이다. 먹고 사는 문제, 어떤 지도자라도 빼놓을 수 없는 책무가 바로 여기에 있다. 둘째는 소통이다. 독단적으로 판단하여 결정하지 않는다는 것이다. 여러 사람의 의견을 물어야 하고, 신하의 의견을 존중해야 한다. 그리고 자신의 생각과 다른 생각을 만나면 설득하고 타협해야 한다. 셋째는 인재를 적절히 채용했다는 점이다. 철저히 정실을 배제하고 역량을 토대로 관리를 선발한다. 중요한 점은 한번 뽑은 사람을 끝까지 신뢰했다는 점이다.

우리는 대통령 후보에게 아주 다양한 것들을 요구한다. 세상살이가 다양화 되고 복잡해질수록 지도자에게 요구하는 범위와 수위는 넓고 깊을 것이다. 세대 간에 요구하는 요소가 다양화 되고 있고, 계층 간에 요구하는 것도 각기 다를 것이다. 지역적으로 지도자에게 바라는 것도 다양할 것이다.

그러나 현재 우리의 상황에서 20대 대통령에게 바라는 최대의 관심사는 부동산의 문제라고 생각한다. 세종이 그토록 중시했던 먹고 사는 문제와도 직결된 것이다. 아마 우리 국민들의 뇌리에는 다음 대통령이 반드시 집값을 안정적으로 잡아주기를 바라고 있을 것이다.

한강 변의 아파트

　눈 깜짝할 사이에 하늘 높은 줄 모르고 치솟아버린 집값
이 안정화 되기를 염원하고 있으리라. 세금에 치어 팔기도
사기도 힘든 상황이 진정되어주기를 바라고 있으리라. 평생
을 일해서 겨우 장만한 집인데 세금을 내야 하는 문제에 직
면하여 골머리를 앓고 있는 사람들이 우리 주위에 많다는
것을 안다. 그들이 바라는 대통령은 단연 세금에 대한 부담
이 줄어드는 정책을 펴는 대통령일 것이다.

　국민의 마음을 읽어내는 일이 결코 쉬운 일은 아니다. 그
들이 어떤 생각을 하고 어떤 문제를 갖고 있으며 어떤 기대
를 하고 있는지 감히 속속들이 들여다볼 수는 없을 것이다.

그럼에도 같은 세상에서 같은 공기를 마시며 함께 살아가는 책임의식을 갖고 감히 말할 수 있는 것은 세상살이에 대한 국민의 짐을 가볍게 해달라는 말이다. 이 땅에 현재 살아가는 사람이라면 이 말처럼 절박한 말은 없을 것이다. 자기가 살아가는 공간에서 마음 편히 숨 쉬며 살아가면서 꿈과 희망을 기대하며 살기를 말이다.

이것이 바로 다음 대통령에게 바라는 국민의 마음이라고 생각한다.

이재명 vs 윤석열

대통령학
-이승만부터 문재인까지

'대통령학'이라니 참 생소한 학문으로 들릴지 모르겠다. 말 그대로 대통령학이란 '대통령을 연구하는 학문'이다. 대통령의 역사가 얕은 우리에게 대통령학이란 매우 낯설게 느껴진다. 대통령은 하나의 자연인이며 국가를 대표하는 국가기관이다. 또한 행정부의 수반이기도 하고 어떤 경우에는 정당의 대표자가 되는 것이다.

대통령학은 연구의 분야를 어디에 두느냐에 따라 다양한 연구가 가능한 영역이다. 한마디로 대통령과 관련한 모든 분야가 연구의 대상이 되는 것이다. 대통령의 연설문을 중심으로 연구할 수도 있고, 대통령의 의상을 중심으로 연구할 수도 있다. 또는 국정과제나 여러 정책을 토대로 연구를 진행할 수도 있다.

대통령학이 필요한 까닭은 물론 다양한 원인이 있겠지만 민주주의의 발전을 위한 과정으로 해석할 수 있을 것이다. 지금 우리처럼 대통령을 선택해야 하는 중요한 순간에는 후보의 어떤 면을 기준으로 투표를 해야 하는지가 아주 중요하다고 하겠다.

국가와 국민에게 꿈과 희망을 안겨주고 장기적으로 민주주의의 발전에 기여할 수 있는 적임자를 찾기 위한 방식으로서의 투표행위를 해야 한다는 것이다.

대한민국 민주주의 역사는 아주 짧다.

대통령의 역사 역시 아주 짧다. 수백 년의 통치를 자랑하는 고려나 조선왕조의 역사는 길지만, 우리의 대통령제는 짧은 역사를 지니고 있기에 역대 대통령에 있어서도 체계적인 역사의 잣대로 재단할 수 있는 형식은 마련되어 있지 않다. 하지만 세계적인 위기를 맞고 있는 현재 우리는 현명한 대통령을 뽑아야 하는 절체적 운명에 직면해 있다.

함장의 선장처럼 대통령은 나라의 운명을 어디로 이끄느냐에 지대한 영향을 미친다. 역대 대통령이 걸어온 길을 더듬어 보면서 향후 우리의 대통령에게 어떤 자질과 리더십이 필요한지 고민해볼 필요가 있다.

이승만 대통령(1~3대)
재임 : 1948-1960

이승만 대통령은 대한민국 초대 대통령이다. 해방 이후 대한민국의 혼란기 중심에서 제1, 2, 3대 대통령을 역임했다. 그는 부정선거에 의해 권력을 쟁취하였는데 4·19혁명으로 정치에서 물러났다.

윤보선 대통령(4대)
재임 : 1960-1962

윤보선 대통령은 4·19 혁명에 의해 이승만 정권이 붕괴한 이후 민주당 후보로 입후보하여 대통령에 선출되었다.

그러나 곧 5·16 군사정변에 의해 1962년 대통령직에서 물러났다.

박정희 대통령(5~9대)
재임 : 1963-1979

박정희 대통령은 군인의 신분으로 정치가가 되었다. 군사정변을 통해 획득한 정권은 독재정권으로서 장기집권을 위해 3선개헌까지 하면서 1979년까지 재임하였다. 대한민국이 경제발전을 선도한 대통령으로 산업의 발전과 경제발전을 이룩했다. 근대화의 길목에서 가장 성과를 이룬 대통령으로 인정받고 있다. 그러나 1979년 부하 김재규 중앙정보부장의 총격을 받고 사망했다.

이재명 vs 윤석열

최규하 대통령(10대)
재임 : 1979-1980

국무총리로 재직 중 박정희 대통령 시해 사건이 일어나자
권한대행에 의해 비상계엄령을 선포하고 일시적인 대통령
에 선출되었다. 그러나 12·12 군사정변으로 허수아비 대통
령이 되어 권력을 잃었다. 우리의 대통령 역사상 8개월이란
가장 짧은 임기를 지냈다.

전두환 대통령(11~12대)
재임 : 1980-1988

전두환은 육군사관학교 출신으로 12·12 군사반란을 일

으켜 군을 장악한 이후 1980년 5·17 내란을 일으켜 헌정을 중단시켰으며, 5·18 광주민주화운동을 유혈진압했다. 국가보위비상대책위원회를 신설하였고, 이를 토대로 군정의 실권을 장악하게 되었다.

이른바 제5공화국을 출범시킨 것이다. 국민의 투표권을 억압하고 간접선거에 의해 대통령을 선발하였으며, 민주주의 발전에 지대한 해악을 일으킨 인물이다.

노태우 대통령(13대)
재임 : 1988-1993

전두환과 함께 12·12 군사반란을 주도한 인물이다. 직선제로 선출된 최초의 대통령이다. 그리고 우리 헌정사상 최초로 구속된 대통령이기도 하다. '보통사람'이란 이니셜을 사용할 정도로 국민의 정서에 가까워지려고 노력했지만, 군인 출신인 만큼 성숙한 민주주의를 이끌어내지는 못했다.

이재명 vs 윤석열

김영삼 대통령(14대)

재임 : 1993-1998

　대한민국의 민주주의를 위해 헌신한 인물로 평가받고 있다. 26세의 최연소 타이틀로 국회에 입성했다. 박정희, 전두환, 노태우 등 군인 출신의 강압적 대통령이 아닌 민간인 출신의 대통령으로 문민정부라는 타이틀을 얻었다. 민주주의 발전을 위해 일신을 바쳤지만 1997년 외환위기를 극복하지 못한 대통령이란 평가를 받는다.

김대중 대통령(15대)

재임 : 1998-2003

김영삼 대통령과 함께 민주주의를 이끈 쌍두마차의 대통령이다. 납치사건으로 목숨의 위협을 당하면서 민주주의를 지켜낸 인물이다. 네 번째 대선 도전을 통해 대통령의 꿈을 이루었다. 최초로 여야 정권교체를 이룬 것으로 기록되었는데, 북한과의 사이에 평화를 이끌어내고 화해의 환경을 조성했다 하여 노벨평화상을 수상했다.

노무현 대통령(16대)
재임 : 2003-2008

노무현은 고등학교 졸업 학력으로 인권출신 변호사를 하다가 국회에 입성하였고 결국 기적처럼 대통령이 되었다. 국민에게 친근한 이미지로 다가온 탓에 서민 대통령으로 불리기도 했다. 대통령 재임 중에 헌정 사상 최초로 탄핵소추를 당하기도 하였으나 헌법재판소에 의해 기각이 되어 다시 직무에 복귀하였다. 대통령 임기를 마치고 갑작스럽게 자살로 삶을 마감했다.

이재명 vs 윤석열

이명박 대통령(17대)

재임 : 2008-2013

현대건설이란 대기업의 평사원에서 시작하여 사장에 오르고 결국 대통령이 되었다. 초고속 승진을 거듭한 끝에 입사 12년 만에 대표이사직에 올랐다. 기업의 대표가 대통령이 된 것은 우리의 역사 이래 처음 있는 일이었다.

하지만 임기 이후 110억대 뇌물 및 350억대의 비자금을 조성한 혐의가 밝혀져 결국 구속되었다. 죄명은 특정범죄 가중처벌법상 뇌물, 특정경제범죄 가중처벌법상 횡령 조세포탈, 국고손실, 대통령기록물법 위반혐의가 적용되었으며, 대법원에서 징역 17년이란 형량을 선고받고 현재 구속중에 있다.

박근혜 대통령(18대)

재임 : 2013-2017

박정희 대통령의 장녀로 부녀가 대통령이 된 유일한 인물이다. 대한민국 최초의 여성 대통령이기도 한다. 선거의 여왕으로 불리며 선거를 치를 때마다 뛰어난 성과를 올리기도 하였으나 2016년 10월 박근혜-최순실 게이트 의혹이 불거지면서 탄핵의 가결로 이어졌고, 임기를 마치지 못한 채로 퇴진하면서 끝내 구속까지 되었다.

대법원은 박근혜 대통령에게 특정범죄 가중처벌법상 뇌물, 국정농단과 국가정보원 특수활동비 상납사건 등의 혐의를 적용, 징역 20년과 벌금 180억 원을 확정했다. 박근혜 대통령은 이후 4년 9개월의 형을 살았으며 문재인 대통령의 사면으로 출옥했다.

문재인 대통령(19대)

재임 : 2017-2022

　문재인 대통령은 5년 임기 말에 있으며 인권변호사 출신의 대통령이다. 노무현 대통령과 인권변호사로 활동하며 정치계에 입문, 대통령에 오르게 되었다. 남북문제에 특별히 공을 들여 판문점 회담, 미북 회담 등의 성과를 이룩했다. 그러나 치명적으로 부동산 문제에 당면하면서 천정부지의 부동산 가격 상승을 유발하게 되었고, 24번에 걸친 부동산 대책을 쏟아내고도 부동산 문제를 해결하지 못했으며, 부동산 실정(失政)이란 오명을 남겼다. 코로나 19의 역습으로 초반에는 K 방역이란 수식어를 얻을 정도였으나 점차 방역대책에서도 뚜렷한 진전을 보이지 못하고 있다.

○ ○ ○ 대통령(20대)

재임 : 2022-2027

이재명 후보 　　　　　 윤석열 후보

대한민국의 운명을 가를 제20대 대통령,
당신은 누구를 뽑겠습니까?
당신은 누가 제20대 대통령이 되어야 한다고 생각하십니까?

　　　　　　　　　　　　　　이재명 vs 윤석열

이재명과 윤석열의 공약

20대 대통령 선거에서 가장 핵심적인 공약은 단연 부동산 문제이다. 짧은 시간 엄청난 속도로 상승한 집값을 잡는 것이 국민의 최대 관심사가 되었기 때문이다. 다른 것은 미루어두더라도 국민 대다수는 가장 시급한 문제를 부동산의 안정화에 두고 있다. 이재명과 윤석열 후보 역시 대통령이 된다면 가장 먼저 부동산 문제를 해결하겠다고 공언하는 이유인 것이다.

부동산 문제에 대한 해결책의 핵심은 부족한 주택의 공급이다. 특히 수요가 높은 아파트를 짓는 것이 최대의 해결책이라 할 수 있다. 강남 서초 송파뿐만 아니라 지방의 산간이나 농촌까지 껑충 뛰어버린 아파트 가격은 국민을 엄청난 후유증에 빠뜨려버렸다. 두 후보의 공약이 주택공급에 박힌 까닭이다.

부동산

　문재인 정부는 임기가 거의 끝나가는 가운데 부동산 정책에 관해서는 실패를 인정하고 국민에게 사과했다. 그런 반면에 민주당에게 정권을 넘겨주기 위해 최대한 부동산 가격을 낮추려고 강도 높은 대출 규제를 실행했다.

　하지만 엄밀히 보면, 문재인 정부의 주택 공급량은 역대 어느 정부에 밀리지 않는다. 실제 수치로 보면 서브프라임 모기지(Subprime mortgage, 비우량 주택담보대출)와 세계 경제 불황이 겹쳐 주택의 가격이 떨어지던 이명박 정부 때보다 50% 이상 주택 공급의 성과가 있었다. 그렇다면 과연 부동산 정책 실패가 '주택 공급의 문제'라고만 단정 짓기에는 어떤 문제점이 있었을까.

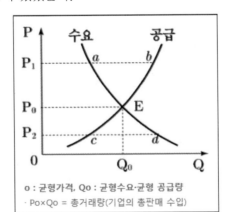

o : 균형가격, Qo : 균형수요·균형 공급량
· Po×Qo = 총거래량(기업의 총판매 수입)

　이재명 vs 윤석열

이 시점에서 이재명과 윤석열의 부동산 정책을 비교해보지 않을 수 없다. 부동산의 가장 기본은 '수요와 공급 관계'라는 것을 모르는 사람은 없다. 세상의 모든 이치가 수요가 많아지면 가격이 높아지고, 공급이 높아지면 가격이 낮아진다. 따라서 부동산 정책도 이 공식을 피해 갈 수가 없다. 따라서 두 후보도 이에 초점을 맞추어 정책을 발표하고 있다.

이재명의 기본주택과 윤석열의 민간개발의 차이점

두 후보의 부동산 공약 대결의 기본적인 골격을 보면 이재명은 '기본주택', 윤석열은 '민간개발'을 주장하고 있다.

두 후보가 5년이란 대통령 임기 내에 250만 가구를 공급하겠다는 점은 일치한다. 앞서 문재인 정부가 연평균 54만 가구를 공급한 것으로 봐서, 두 후보가 공약한 이 수치가 공수표만은 아니란 것을 알 수 있다. 하지만 앞서 언급했듯이 두 후보의 공급 방식은 '기본주택'과 '민간개발'로 상반된 의견을 보이고 있다.

• 월 60만 원 33평 역세권 아파트 및 주택 250만 호 공급(무주택자 30년 장기임대 주택 100만 호 포함), 장기임대 공공주택 비율5% 증가

• 국토 보유세 부과(부동산 실효세율 1% 증가)

• 비 필수 부동산 대출 만기 연장 제한 조치

• 비 필수 부동산 소유자 고위직 임명, 승진 제한

• 부동산 백지 신탁제도 도입

• 부동산 전담기구 설치(주택도시부, 부동산 감독원, 장기임대 주택 전담기관 등)

• 분양가 상한제, 분양 원가 공개, 후분양제 도입

• 개발이익 국민 환원제 도입

• 공직자 부동산 취득 심사제 도입

(대체적으로 부동산 규제를 강화하는 조치가 많음)

그는 임기 내 공약한 250만 가구 중에서 100만 가구를 기본주택으로 배정한다고 밝혔다. 기본주택이란 공공 임대 주택의 한 유형으로 저소득층부터 중산층까지의 무주택자가 상대적으로 저렴한 임대료를 내며 30년 이상을 거주할

수 있는 도심 지역의 주택을 말한다.

그는 주택을 제공해도 서민들을 위한 공급이어야 한다고 주장하고 있다. 그리하여 투기수요와 공포수요를 억제하고 수요를 줄여 집값을 낮추겠다는 것이다. 이 조건들을 갖추기 위해서는 질이 높은 공공주택을 늘려야 한다는 것이다. 그는 임기 내에 공공주택 비율을 10%까지 늘리겠다고 공약했다.

이 후보는 2021년 12월 29일 페이스 북에 '이재명의 무한책임 부동산 공약 3'이라는 제목의 글을 올렸는데, 생애 최초 주택 구입자의 취득세 50% 감면 혜택 기준을 상향 조

정했는데, 수도권은 6억 원(현행 4억 원), 지방은 5억 원(현행 3억 원), 취득세 최고세율 부과 기준도 현행 9억 원에서 12억 원으로 올리겠다고 밝혔다. 또한 "취득세 감면 대상이 되는 부부합산 소득 기준도 높이고, 취득세 면제 대상 주택 범위도 넓히겠다"고 했다.

이 후보는 "보유세는 적정 수준으로 높이고, 거래세는 낮추는 것이 저의 부동산 세제 원칙이다. 주택가격 상승으로 실수요자의 거래세 부담까지 늘어나는 것은 바람직하지 않다. 취득세 감소로 인한 지방세수 감소분은 지방소비세율(부가가치세 중 지방 이전 분) 인상 등을 통해 보전하겠다."고 했다.

"비정상적으로 주택 가격이 올랐고, 시장이 불안해하는 게 분명하니 다른 정책을 추구하거나 교정하는 것이 당연하다."며 문재인 정부의 부동산 정책과 차별화했다.

이어 "다주택자들이 매각 기회를 놓쳐 팔지 못하면 수단을 좀 바꾸는 게 맞다. 유연성이라 생각한다."고 덧붙였다.

이재명 vs 윤석열

- 청년 주택 30만 호, 역세권 첫 집 주택 20만 호 공급

- 전국 250만 호(수도권 130만 호) 공급

- 민간 재개발과 재건축 제도 개편(규제 완화)

- 공시 가격 제도 조정

- 부동산 세재 개편(종부세, 양도세 하한 조치 및 조정)

- 실수요자와 총부채상환비율, 주택담보대출 규제 완화 및 신혼부부, 청년층 규제 변동

(부동산 규제를 완화조치하여 주택공급하고 세금을 줄이려함)

세 금 계 산 서 (공급자보관용)																											
공급자	등록번호					−			공급받는자	등록번호						−
	상 호 (법인명)		−	성 명 (대표자)						상 호 (법인명)				성 명 (대표자)		−
	사업장 주 소							−		사업장 주 소						−
	업 태		−	종 목				−		업 태		−	종 목			−
작 성			공 급 가 액									세 액						비 고
년	월	일	공란수	백	십	억	천	백	십	만	천	백	십	일	십	억	천	백	십	만	천	백	십	일			−
월	일	품 목		규 격	수 량	단 가	공 급 가 액	세 액	비 고
			−			−		−	
		0				−		−	
		0				−		−	
		0				−		−	
합 계 금 액		현 금	수 표	어 음	외상미수금				

청년 원가 주택

- 저소득층 무주택자이며 자녀를 둔 가구에 가산점 부여
- 다자녀 주택인 40-50대 가구도 대상 포함
- 분양의 개념으로 5년 후 매각 시 입주자에게 차익 70% 실현

역세권 첫 집 주택

- 신도시와 공공개발 택지에 공급량 확보
- 대도시 국공유지를 활용하여 생애 첫 집 공급

그는 이재명과 다르게 민간 재개발, 재건축 규제 완화를 통해 주택 공급을 확대하겠다고 했다.

공약 중에 눈에 띄는 것은 '역세권 첫 집'이다.

역세권에 위치한 민간 재건축 아파트 단지의 용적률을 기존의 300%에서 500%로 높이는 대신 증가한 용적률의 50%를 기부채납 받아 공공분양 형태로 공급하겠다는 것이다. 쉽게 말하면, 같은 토지에서 재개발 혜택을 받아 건물을 더 높게 건축하면 절반을 공공분양 형태로 기부하라는 것이다.

이와 같은 정책으로 기부된 집은 청년, 신혼부부, 무주택

이재명 vs 윤석열

자에게 50-70% 시세로 총 20만 가구 정도를 공급하겠다
는 것이다.

부동산 규제와 세제 부문의 차이점

두 후보는 부동산 규제와 세제 부문에서 큰 차이점을 보
이고 있다.

이재명은 투기 근절을 위해 높은 규제책을 마련하겠다고
한 반면에, 윤석열은 종합부동산세를 전면 재검토해 부동산
세제를 개선하겠다고 했다.

두 후보의 부동산 공약은 다른 듯하지만 결국 심도 있게
들여다보면 결국은 공급과 수요를 조화시키자는 면에서는
동일하다. 주택공급수요를 늘리면서 이를 디테일하게 어떤
방식으로 실행할지가 정책 성공의 포인트가 아닌가 싶다.

두 후보의 부동산 정책을 다시 정리하면

그는 다주택자 양도세 완화로 인한 매도 유도로 부동산 가격의 안정화를 취하고, 재건축의 활성화로 전국에 민간 200만 호와 공공 50만 호를 공급한다. 재건축, 재개발 초과이익환수제의 경우에는 교통유발부담금 차원 정도에서 공공환수가 합리적이라는 것이다.

윤 후보는 경제 전문 유튜브 '삼프로TV'에 출연해 정부의 부동산 정책에 대해 비판했다.

"정부의 잘못된 부동산 정책 때문에 멀쩡한 집값이 2배씩 뛰었다. 정부가 집값 상승의 원인을 다주택자의 투기수요, 소위 매점매석 때문이라 생각했는데 그 발상 자체가 잘못됐다.

그동안 문재인 정부는 집은 투자 대상으로 용납할 수 없으니 1가구 1주택 실거주만 허용하며, 그 외는 모두 투기수요로 간주하겠다는 기조하에 부동산 정책을 실행해 왔다."

윤 후보는 현 부동산 문제 해결책도 밝혔다.

"집 리노베이션이나 시장 물량을 더 만들어 내는 등 신규 주택을 더 건설하거나, 다주택자가 물량을 내놓을 수 있는 여건을 만들어줘야 한다. 정부의 '다주택자 양도소득세 중과'에 대해선 완화할 것이며, 양도세도 적당히 올려야 되는데 너무 과도하게 증여세를 넘어서게 올려버리니 안 팔고 그냥 필요하면 자식에게 증여해버린다. 따라서 종합부동산세도 재검토해서 합리화하겠다."

이재명

그는 다주택자의 경우 보유세를 더 늘려야 하며, 부동산 시장은 끝물임에도 공포수요가 존재함으로 공급을 늘릴 계획이라 했다. 연착륙 방식의 양도세 중과완화로 매도 유도 정책을 펼쳐 재건축 초과이익환수제는 청년주택을 늘리겠다는 것이다. 서울의 공급이 어려우면 수도권의 신도시를 공급의 대상으로 고품질 저렴한 임대아파트를 늘려가겠다는 것이다.

이 후보는 "불합리한 부동산 정책은 국민의 뜻과 시장을 존중해 바로바로 시정해가겠다."고 말하며, 20대 대통령 선거 MBC 정강·정책 방송 연설에서 "코로나19(신종 코로나바이러스 감염증) 만큼이나 국민들을 힘들게 만드는 것이 바로 부동산 문제다."라며 이같이 말했다.

"'하늘 높은 줄 모르고 치솟는 집값 때문에 내 집 마련의 꿈은 사라져버리고 분노만 남았다' 말씀하시는 국민 여러분께 죄송한 마음을 금할 길이 없다. 그중에서도 우리 청년들에게 아무리 '영끌(영혼을 끌어모아)'을 해도 평생 집을 구할 수 없다는 허탈감, 좌절감을 안겨주었다는 것이 가장 가슴 아프다. 민주당 정부의 일원으로서 막중한 책임감을 느낀다."

국방

이재명과 윤석열 후보는 '튼튼한 국방'을 공통으로 내세우지만 방법론에 있어서는 차이점을 보였다.

이 후보가 '자주 국방' '장병복지강화' 등을 주장한 반면, 윤 후보는 '첨단무기개발' '사이버 신흥안보대응' '동맹국과 협업강화' 등을 제시했다.

두 후보의 국방정책에 대해 군인들의 반응이 다채로운데, '정책을 실현하기 위한 티테일함이 부족한 느낌'이라는 반응과 함께, 일부 공약은 선심성이 가미돼 오히려 군에 부작용을 낳을 수도 있다는 우려도 내비쳤다.

전문화된 군구조 개선과 스마트 국방개혁

이 후보의 국방정책의 주요 골자는

• 선택적 모병제 도입. 징집 단계적으로 줄이고, 전투부사관 모병과 기술 부사관 모병을 늘려서 일자리 10만 개 창출

• 병사월급 최저임금 수준까지 단계적으로 현실화, 2027년까지 병사월급 200만 원 이상

• 징집병이 담당하던 분야중 조리, 시설경계 등 민간에서 더 잘할 수 있는건 민간외주로 변경

• 다인실 병영생활관을 2~4인의 소인실로 전면 개선

• 군 복무 중 학업 공백 최소화를 위한 학점 인정제 모든 대학 적용

• 자격증 취득 등 기타 교육 제공

• 스마트 강군 건설, 핵, 대량살상무기(WMD) 위협에 대응하는 핵심 전력 강화

• 지상부터 우주까지 무인 감시 정찰 체계와 유 무인 복합 전투체계 전력화, 우주본부 설치(미국 NASA 벤치마킹)

• 한미동맹 강화를 위해 북핵위협 대비한 핵 잠수함 건조 추진

• 대통령 직속 국방혁신기구 설치(대통령이 직접 국방혁신 주도, 각 정책 생산과 집행 운용에 능통한 외부 내부 상관 없이 전문가들 참여)

그동안 이슈가 됐던 전작권(전시작전통제권, 한반도 유사시 군의 작전을 통제할 수 있는 권리로 현재는 주한미군사령관이 갖고 있음) 전환에 있어서도 빠르게 진행될 수 있다. 다른 여타 공약들처럼 재원이 소유되는 것이 아니고 미국과 협의만 이루어지면 되기 때문이다.

그동안 전작권 환수는 노무현 정부가 2012년 4월 17일 환수하기로 합의했는데, 이명박 정부가 '전쟁 억제력'이 낮아질 수 있다고 연기했고, 박근혜 정부도 무기한 연기했다. 문재인 정부도 전작권 환수를 공약으로 내걸었으나 북한의 핵과 미사일 능력이 점차 고도화되면서 다음 정부로 미뤄진 상태이다.

이에 이 후보는 말한다.

"주권의 핵심 중에서 핵심이 군사주권, 그중에서도 작전권이 핵심이다. 이것을 타국(미국)에 맡겨 놨다는 것은 상식 밖의 일이고 예외적 상황이다."

이밖에도 이 후보의 공약 중에 가장 눈에 띄는 것은 '전문화된 군 구조개선'이다. 다른 후보들이 '모병제'를 주장한 것과는 달리 '선택적 모병제'를 추진하겠다고 밝혔다.

추진 배경은 '인구절벽'으로 인한 병력자원감소 문제해결과 군의 전문화를 위해 하부구조 강화, 모병제로 인해 경제적 약자들만이 병역을 이행하게 되는 '경제적 징병'에 주의해야 한다고 했다.

이재명 vs 윤석열

이재명의 선택적 모병제는 병역 대상자가 '징집병'과 '기술집약형 전투부사관 모병' 중에 스스로 선택할 수 있는 제도다. 이렇게 선택적 모병제를 통해 15만 명 정도의 징집병 소요를 줄이겠다고 했다.

또한 군의 구조를 전문화·선진화시키기 위해서는 병과 간부를 아우르는 '군복무에 합당한 처우'가 선결과제인데, 이를 위해 2027년까지 병 급여 수준을 월 200만 원까지 상향 조정하고, 현재의 다인실 생활관을 보다 쾌적한 환경이 조성되는 2~4인실로 개선시킬 것이라고 밝혔다.

군의 스마트 강군화를 위해서는 핵·대량살상무기(WMD) 위협에 대응하는 핵심 전력을 강화하고, 지상부터 우주까지의 무인 감시·정찰 체계와 유·무인 복합전투체계를 우선적으로 전력화하겠다고 밝혔다. 또한 국군통수권자인 대통령이 직접 국방혁신을 주도할 수 있도록 대통령 직속 '국방혁신기구'를 설치하겠다고 강조했다.

윤석열

군인 및 군 유공자 처우 개선, ROTC 복무기간 단축

윤 후보의 국방정책의 주요 골자는

• 총리실 직속 신흥안보위원회 설치
－국무총리실 산하에 전문가들로 구성된 신흥안보위원회 설치
－사이버 안보 문제는 청와대 국가안보실이 담당

• 사이버 안보 시스템 구축
－사이버 안보 부처간 협업시스템 구축
－동맹 및 우방국에 사이버 안보 관련 정보 공유 확대
－대한민국에 대한 사이버 공격 끝까지 추적

• 국방혁신 4.0 추진
－인공지능 기반의 무인 및 로봇전투체계 조기 도입
－과학기술 전문전투요원 확대
－여성 인력의 참여 확대

−제2의 창군 수준으로 군 재설계

• 한국형 아이언돔조기 배치
−한국형 다중미사일 체계와 통합하여 다층 방어망 구축
−한국형 아이언돔 임기내 배치
−고위력 초정밀 극초음속 무기체계 개발

• 군인아파트와 독신자 숙소의 개선
• 군인 자녀 교육환경 개선
• 의식주 개선
• 군 복무 중 자기계발 기회 확대
• 군내 가혹행위 및 성비리 근절 위한 근본대책

이 후보가 전작권 환수를 내걸었다면, 윤 후보는 '아이언돔 조기 배치'를 추진하겠다고 말했다. 아이언돔은 여러 장소에 요격미사일 발사대를 분산 배치해 날아오는 장사정포를 돔 형태의 방공망으로 둘러싸 요격하는 시스템이다. 정부는 2035년까지 양산한다는 계획이다.

윤 후보는 군인 및 군 유공자들의 처우 개선과 간부자원 확충을 위해 ROTC(학군장교)의 복무기간을 28개월에서 24

개월로 단축하겠다는 국방 정책공약을 제시했다.

윤 후보는 강원도 철원 3사단을 방문해 "대한민국 국민으로서 깊이 감사드린다." "나라를 지키기 위해 애쓰는 노고에 합당한 처우를 해드리기 위해 최선을 다하겠다."고 했다.

또한 '병사 봉급 월 200만 원'을 공약했다. 모든 병사에게 최저임금 이상의 급여를 보장하겠다는 취지다.

윤 후보는 페이스북에서 "위험근무수당, 특수업무수당, 초과근무수당, 주택수당 등 각종 수당을 현실화하고, 지급체계도 형평성 있게 전면적으로 개편하겠다." 밝힌 바 있다.

이재명 vs 윤석열

기후, 신공항, 핵발전, 탈석탄, 수소

지구 온도 상승을 막아야 한다

지구 온도 상승을 1.5도 이내로 막기 위해서는 지금까지 온실가스를 배출해온 시스템의 대전환이 필요하다.

기후 위기는 지금보다 미래에 더 큰 위기일 것이다. 이에 대처하기 위해서는 정치적 이념을 떠나서 IPCC(Intergovernmental Panel on Climate Change: 기후변화에 관한 정부 간 협의체)의 권고사항과 과학에 기반한 기후 위기 대응을 하겠다.

온실가스 감축 목표

2050 탄소중립에는 국제사회에 책임 있는 국가로서 목표달성을 위해 적극 동참해야 한다. 하지만, 현 정부는 2030 온실가스 감축 목표를 2018년 대비 상향 40%로 설정하는 과정에서 산업계의 의견 수렴과 사회적 합의를 생략했으므로, 2030 온실가스 감축 목표는 재설계가 필요하다.

탄소 예산을 고려하여 지구 1.5도 온도 상승을 막기 위한 수준으로 온실가스 감축 목표를 설정하는 것은 불가하다.

신공항

• 가덕도 신공항 건설을 통한 전 세계 물류 플랫폼으로 도약한다.
• 대구·경북 통합 신공항 건설 사업 신속 추진 및 연계 교통망을 확충한다.
• 제주신항 개발을 조기 착수한다.

핵발전 관련

• 신한울 3, 4호기 공사 재개 및 스마트 미래형 원전 (SMR) 개발에 투자 적극 추진한다.
• 원전을 신규 계획하려는 것은 아니다.

탈석탄

• 탈석탄을 에너지 전환의 기본 축으로 삼아야 한다.
• 기존 석탄화력발전소를 줄이는 것(탈 석탄)은 사업자인

이재명 vs 윤석열

이해당사자들이 있으므로 바로 결정할 수 없다.

이재명

전환적 공정성장(1호 공약) 중 기후 위기

공정성 회복을 통한 성장토대 마련, 전환적 위기를 기회로 만드는 전환성장을 투 트랙으로 하는 '전환적 공정성장'을 반드시 이뤄낼 것이다.

• 에너지 고속도로 건설 및 기후에너지부 신설
기후 위기 시대의 대전환을 준비하고 새로운 성장 동력을 만드는 '에너지 고속도로'를 건설하겠다.

• 에너지 고속도로가 구축되면 국내 어디서나 풍력, 태양광 등 재생에너지의 생산과 공급, 판매가 자유롭게 이뤄질 것이다. 기후에너지부를 신설하여 '에너지 고속도로' 건설·유지를 포함한 에너지대전환의 컨트롤 타워 역할을 하도록 하겠다.

온실가스 감축 목표 2018년 배출량 대비 40% 상향, 2040 탄소중립 달성(이후 11월 행보에서 50% 상향 입장)

• 2030년 온실가스 감축 목표는 2018년 대비 35% 이상 감축으로 법정화되지만, 유럽, 미국 등의 높은 감축 목표를 고려할 때, 실제로는 40% 이상 감축해야 한다.

• 내연기관차는 2040년까지 국내 판매 금지를 추진하고, 수송부문 에너지 수입 제로를 지향할 것이다. 또 2030년까지 재생에너지 비중을 대폭 향상하여 석탄발전소를 조기 대체하겠다.

세계선도 그린산업 강국 달성

• 재생에너지 확대
• 미래차 산업 선도를 위해 지원
• 그린산업단지 조성
• 기존 내연기관차, 석탄, 천연가스 등 화석연료 사업체들의 전환 지원

탄소세를 걷어서 기본소득으로

탄소 발생에는 탄소세를 부과하여 탄소 발생을 효과적으로 억제하겠다. 또 탄소세 일정 부분은 국민에게 에너지 기본소득으로 지급해 탄소세에 따른 물가상승으로 고통받지 않도록 하겠다.

신공항 건설

- 대구 경북통합 신공항 및 울릉공항 건설
- 가덕도 신공항 및 부울경 공약

부울경을 유라시아의 물류 허브로 조성하겠다. 이를 위해 진해 신항이 초대형 선박과 초고속 하역 능력을 갖춘 메가포트로 개발되도록 지원하겠다. 경남·울산의 친환경 선박, 자율운항 스마트 선박, 부산의 스마트 수리조선 산업 발전을 위해 혁신기술 개발과 전문인력 양성 지원을 아끼지 않겠다.

- 새만금 공항

새만금의 친환경 개발과 공항, 철도 등 교통망 확충으로 전북의 경제성장에 필요한 인프라를 구축하겠다. 새만금은 해수유통 확대, 오염원 축소 등을 통해 수질개선과 농업용

수 대책을 강구하고 친환경적 개발의 기반을 마련하겠다.

• 흑산도 소형공항

도서 지역 주민 접근성 향상을 위해 흑산도 소형공항 건설도 원활히 추진될 수 있도록 지원하겠다.

핵발전 관련

• 이미 건설된 원전은 사용 가능한 기간만 사용하고 추가로 원전을 새로 건설하지 않을 것이다.

• 외국은 풍력발전이나 태양광발전이 화석연료 효율성을 넘었다. 에너지 고속도로를 통해 재생에너지를 관리할 가상 발전망도 만들고 총배전망도 지능형으로 바꿔야 한다.

기후 위기 문제를 헌법 전문에 넣는 개헌 진행

기후 위기 문제를 헌법 전문에 넣는 개헌을 해야 한다. 2030년까지 탄소배출을 50% 감축해야 한다. 눈앞에 닥친 현실적 문제이므로 국민 인식이 바뀌어야 한다. 모든 것을 한꺼번에 고치려면 진척이 안 된다. 합의된 것부터 부분적으로 개헌해 나가야 한다.

이재명 vs 윤석열

수소

이재명 후보는 에너지대전환, 그린뉴딜 중심지로 부상 중
인 완주에서 시민과 함께 '그린수소 시대를 그리다' 국민반
상회를 가졌다. 기업들은 당장의 어려움을 들어 온실가스
감축 목표를 낮춰야 한다고 주장하기도 했다. 하지만 그린
수소, 풍력, 태양광 등 신재생에너지에 투자하지 않으면 결
국 전 세계적으로 확산되는 탈탄소 경제에서 뒤처지고 경쟁
력도 잃고 말 것이다.

에필로그

대한민국 협법 제66조 1항

대통령은 국가의 원수이며, 외국에 대하여 국가를 대표한다. 대한민국 헌법 제66조 1항이다. 대통령은 또한 국제사회에서 대한민국을 대표하는 얼굴이다. 대통령은 조국의 평화적 통일을 위한 성실한 의무를 지며, 헌법을 수호할 책무를 진다. 헌법 제69조에 의해 대한민국 대통령이 되면 취임에 즈음하여 다음과 같은 선서를 한다.

"나는 헌법을 준수하고 국가를 보위하며 조국의 평화적 통일과 국민의 자유와 복리의 증진 및 민족문화의 창달에 노력하여 대통령으로서의 직책을 성실히 수행할 것을 국민 앞에 엄숙히 선서합니다."

이제 우리는 제20대 대한민국 대통령을 뽑아야 하는 엄중한 책임 앞에 놓여 있다. 국가의 원수를 뽑는 일은 외국에 대하여 국가를 대표하고, 조국의 평화적 통일과 헌법을 수호할 책무를 엄숙히 지닐만한 사람을 뽑아야 하기에 간단치가 않다. 그저 주어진 한 표를 행사한다는 단순한 생각으로 투표를 해서는 안 된다는 말이다. 특히 우리의 대통령은 제왕적 대통령의 위치에 있기 때문에 우리는 더욱 대통령을 뽑는 일에 신중을 기해야 한다.

대통령이 된다고 모든 것을 해결하고 모든 정책을 추진할 수 있는 것은 아니다. 그런 점에서 대통령 후보들이 제시한 정책 등을 세심히 따져볼 필요가 있다. 실현 가능성은 정말 있는 것인지, 정말 국민에게 필요한 것인지, 선심성 공약 즉 표를 얻으려는 교만한 생각으로 공약을 남발하는 것은 아닌지 투표 전에 따져볼 필요가 있는 것이다. 대통령이 되어 후보자로서 내건 공약이 까다로운 국회를 반드시 통과해야 하는 것은 아닌지도 하나부터 열까지 관심을 가져야 한다는 것이다.

대통령은 물론 리더로서의 자질과 능력이 필수적으로 요구된다. 리더십을 지닌 사람이 대통령이 되어야 한다. 앞에서 언급한 리더로서의 자질은 필요조건이며, 국민과 협상하고 타협할 수 있는 특별한 능력이 있다면 충분조건을 갖추었다고 할 수 있다. 우리는 필요조건과 충분조건을 갖춘 대통령을 필요로 한다는 점이다.

대통령은 꿈과 비전이 있어야 한다. 아니 국민들이 꿈과 비전을 가질 수 있도록 탁월한 정책을 펼칠 수 있어야 하는 것이다. 국민적인 아젠다를 만들어낼 수 있는 능력의 소유자를 우리는 지금 필요로 한다. 코로나 19를 극복할 수 있는 그런 능력 있는 대통령을 뽑아야 한다. 국민의 의견을 모아 아젠다를 형성하고 관료들을 제대로 뽑아 그런 아젠다를 수행할 수 있는 행정부의 수반을 뽑아야 한다는 말이다.

성공한 대통령이 되려면

대통령학에 따르면, 대통령의 성공은 **취임 후** 70일이면 가능할 수 있다고 한다. 정부를 인수하고 **정책을 펼치고**, 선임자로부터 똑바로 인수 받았는지의 **여부가 대통령** 성공의 열쇠라고 한다. 관료들 역시 이전의 **선배 관료들을** 존중하고 그들로부터 배우는 겸손한 자세로 **업무의 인수**를 받아야 한다는 것이다. 무엇보다 세계화 시대에 **세계를 향**해 경쟁력을 확보할 수 있는 강력한 대통령이 **필요하다.**

대통령은 권력을 함부로 사용하면 **안 된다.**
적재적소에 필요한 권력을 활용해야 **한다.** 개인적인 리더십도 중요하지만 행정부 수반으로서**의 행정** 리더십 역시 중요한 법이다. 따라서 국무총리나 행정**부와의** 관계를 원만

이재명 vs 윤석열

히 하고 항상 소통할 수 있는 창고를 만들어야 한다. 대통령은 입법 리더십도 매우 중요하다. 국회나 정당과의 관계를 원만히 하여 대통령과 국회가 바람직한 관계를 만들어야 한다. 힘겨루기를 해서는 어떤 정책도 원만히 집행할 수가 없는 법이다.

이렇게 많은 능력이 요구되기 때문에 대통령은 아무나 할 수가 없는 것이다. 대통령은 품위도 있고 지식도 있고 지혜도 있어야 한다. 국가를 운영한다는 것은 결코 쉬운 일이 아니다. 국가와 국민을 위해 자신을 희생할 수 있는 각오가 있는 사람, 도덕과 윤리적으로 흠결이 없는 것도 중요한 문제라고 생각한다. 하지만 세상에 흠결이 없는 자가 어디에 있다는 말인가. 가능한 흠이 없는 사람이면 좋다는 말이다.

국민은 냉철한 시각으로 후보를 선택하고 후보자들은 페어플레이를 해야 한다. 유권자들의 시야를 흐리게 하여서는 안 된다는 말이다. 공약을 남발한다고 하여 지지를 이끌어낼 수 있다는 믿음은 당장 버려야 한다. 오직 한 표라도 더 얻으려고 포퓰리즘 공약을 남발한다면 설령 대통령이 된다더라도 수습하기 힘든 지경에 이를 수도 있는 것이다. 무엇보다 국민 유권자들이 어리석지 않다는 것을 간과해선 안 될 것이다.

국민 유권자들은 냉철한 시각으로 대통령을 뽑아야 한다. 지역감정을 버리고, 자신에게 유리한 공약에 현혹되어서는 항상 뽑아놓고 후회하기 마련이다. 맹목적 선택을 지양(止揚)해야 한다는 말이다. 이런 점에서 본다면 어쩌면 제20대 대통령은 이미 하늘이 내려서 우리 앞에 와있는지도 모른다.

후보들 중에서 분명 누군가 한 사람은 대통령이 된다. 그가 바로 하늘이 내린 사람이란 말을 하려면 뽑아놓고 후회 없을 후보를 선택해야 한다는 말이다.

'오리'가 대통령이 돼서는 안 된다

완벽한 사람은 없다. 따라서 대통령 후보로서 완벽한 후보도 없다. 이번에는 문제성을 보인 후보들이 처음부터 나타나서 더욱 선택의 폭은 좁을 수도 있다. 그 나물에 그 밥이란 비하 발언을 우리는 많이 듣는다. 대개 큰 선거를 치를 때면 이런 소리를 듣는다.

이재명 vs 윤석열

그렇다고 신중한 선택을 하지 말고 인기 영합주의에 입각한 투표를 하라는 말은 아니다. 프롤로그에서 비유하였듯이 완벽한 후보를 고르려다 보니 오리를 뽑아놓고 말았다.

　　'대통령은 만능선수를 뽑는 것이 아니다.'
　　오리가 헤엄도 칠 수 있고, 뒤뚱뒤뚱 걸을 수도 있고, 하늘을 날을 수도 있다는 조건을 충족했기 때문이다. 하지만 오리에게 특별히 동물들을 다스릴만한 능력은 없었던 것이다. 차라리 동물의 왕이라면 '오리' 보다는 사자나 고래나 악어, 독수리가 더 어울리지 않았을까.

　　우리는 오리를 선택하는 어리석음을 범해서는 안 된다.
　　이는 역사의 수레바퀴를 5년 뒤로 돌아가게 하는 과오를 범하는 것이다. 비록 어떤 부분의 결함이 있더라도 다른 부분의 뛰어난 능력을 볼 줄 아는 지혜로운 선택을 해야 한다.

　　오리가 크게 흠이 없다고 하여 동물의 세계에서 어떤 리더십을 발휘할 수 있었을까. 모든 환경에 완전히 들어맞는 리더를 고르기란 쉽지 않은 것이다. 리더십 가운데는 다양한 리더십이 존재한다. 그런데 한 사람이 다양한 리더십을 모두 갖추기란 쉽지 않은 법이다.

국가라는 거대조직은 대통령의 어떤 리더십을 필요로 할까?

이에 대한 해답을 찾아야 하는 몫은 바로 국민, 유권자들의 몫이다. 우리는 훌륭한 대통령을 뽑기 위해 힘든 노력을 기울일 필요가 있다.

대통령에 당선된 자에게 필요한 능력은 어떤 것인가?

대통령은 어떤 능력을 가져야 거대한 조직을 잘 운영할 수 있을 것인가? 이에 대한 지침을 이 책에 제시해 두었다. 대개 나라를 걱정하는 보통 사람의 생각이 담겨 있는 글이라 여기면서 신중한 정책과 비전을 펼쳐주기 바란다.